D1924148

Gerhard Jan Rötting

# Als die Königin die Gefängnistür öffnen ließ

mediaKern

**Bibliografische Information der Deutschen Nationalbibliothek**
Die Deutsche Nationalbibliothek verzeichnet diese Publikation in der Deutschen Nationalbibliografie; detaillierte bibliografische Daten sind im Internet über http://dnb.d-nb.de abrufbar.

ISBN 978-3-8429-2006-4

Bestell-Nr. 512 2006
© 2011 mediaKern GmbH, Friesenheim-Schuttern
Umschlaggestaltung: Frank Decker
Layout: Ch. Karádi
Herstellung: Drukarnia Dimograf, Bielsko-Biała, Polen
Printed in the EU 2011

www.media-kern.de

# Inhalt

# Als die Königin die Gefängnistür öffnen ließ

# 1

*Von den alpinen Berghöhen des Kosovo öffnet sich uns der Blick in die herrliche Berglandschaft Albaniens. Wir drei Westeuropäer schauen zum ersten Mal in die großartige Weite dieses gottlosen Landes, staunen und beten: »Gepriesen bist du, Herr der Herrlichkeit!«*

*Für mich als gebürtigen Niederländer üben die hohen, schneebedeckten Berge eine enorme Faszination aus. Doch es ist nicht nur die herrliche Bergwelt, die mich in dieses kommunistisch regierte Land zieht, das im Jahr 1988 fast hermetisch abgeriegelt ist. Niemand kann das Land verlassen. Kein Mensch darf in den »Ersten atheistischen Staat der Welt« einreisen. Auch wir nicht.*

*Ich belasse es nicht bei der Bewunderung der hohen Gipfel: Was ich als Christ tun kann, lasse ich nicht bleiben. Die Grenze zwischen dem Kosovo und Albanien kann ich nicht überqueren, sie wird militärisch streng bewacht. Aber ich kann das albanische Volk in Jesu Namen segnen. Ich hebe meine Hände und lege diesen göttlichen Segen auf die große Menge der Ungläubigen und auch auf die »kleine Herde«, zu der Jesus spricht: »Fürchte dich nicht!« Die wenigen verbliebenen Christen in diesem unzugänglichen Land sind mir lieb – eben weil sie ihren Glauben leben, obwohl sie ihn nicht frei und ungehindert bekennen können. Das Bekenntnis zum christlichen Glauben bedeutet unverzügliche Gefangennahme und Verurteilung zu langjähriger Gefängnisstrafe oder Arbeitslager. Niemand hat je gehört, dass auch nur ein einziger Christ aus einem der vielen Arbeitslager in Albanien entlassen wurde. Sogar die ermordeten Christen wurden von den Machthabern heimlich verscharrt. Ihre Angehörigen haben die Toten nie wieder gesehen.*

*Uns ist aber zu Ohren gekommen, dass es trotz allem in diesem atheistischen Land einige Christen gibt und wir wissen auch, wo sie wohnen. Sie leben still und verborgen ihren Glauben – nicht ohne Ängste, aber in der Gewissheit: Gott ist immer größer als aller Atheismus.*

*Und nun segne ich dieses Volk von Weitem – in Jesu Namen. Wird der göttliche Segen wirken, wenn er über Menschen ausgerufen wird, die wir nicht namentlich kennen? Beter kennen dieses Geheimnis: Das Vertrauen zu Gott verwandelt schwere Lebensgeschichten in Segensgeschichten.*

*In meinem Leben ist das Segnen zu einer friedlichen Revolution geworden; denn liebende Segensströme verwandeln auch die verworrensten Lebens-*

*läufe in ein glückliches und dankbares Dasein. Gott will uns immer mit seiner Segensfülle überschütten, weil er nicht nur Gefallen an uns hat, sondern weil er uns liebt. Gesegnet werden heißt: Gott will uns niemals mehr in seiner ewigen Weite und Herrlichkeit missen.*

*In dieser Gewissheit habe ich damals das Land Albanien mit allen seinen Menschen gesegnet.*

Vier Jahre später ist der Machtwechsel in Albanien vollzogen. Die neue Regierung ruft mich in ihr Land, damit ich ihr mit Rat und Tat beistehe.

Zwei Monate nachdem der Diktator Enver Hoxha gestürzt worden ist, sitze ich im Büro dieses einst so gefürchteten Despoten. In der fünfköpfigen Ministerrunde erörtern wir die Hilfen, die das arme Land so dringend braucht. Wie kann das am wirksamsten erfolgen?

Mitten in diese Runde stelle ich die Frage: »Wie steht Ihre neue Regierung zum Thema Religionsfreiheit? Wird die Religionsfreiheit demnächst wirklich gesetzlich in Kraft treten?«

Die Minister schauen sich fragend an. Ich spüre, dass sie nie zuvor mit dieser Frage so direkt konfrontiert wurden. Wissen sie eigentlich, welche Kraft in Christen steckt? Darum erkläre ich es ihnen: »Christen brauchen Freiheit, um ungehindert zusammenzukommen. Sie wollen nicht nur gemeinsam das Evangelium lesen, sondern auch miteinander beten und feiern.«

»Feiern?«, fragt der Kultusminister.

»Natürlich! Sie feiern am liebsten die Auferstehung ihres Herrn Jesus. Christen empfangen von ihrem Herrn die Auferstehungskraft zum persönlichen Leben – und zum Mithelfen beim Aufbau Albaniens.«

Solch deutliche Worte über Christen sind in dieser albanischen Machtzentrale wohl noch nie gesprochen worden. Deshalb ergänze ich: »Albanien braucht fähige, vertrauenswürdige Landsleute, und Christen sind da – egal, was ihnen bisher an Leid und Verfolgung angetan wurde.«

Es ist für ein paar Minuten ganz still im Raum geworden. Schweigen ist hier eine Besonderheit, denn man sagt: Wenn drei Albaner beieinander sind, dann reden mindestens zwei von ihnen – manchmal reden die drei auch gleichzeitig.

Der Wirtschaftsminister räuspert sich und gesteht mir zu, das Evangelium nach Albanien zu bringen. Das wundert mich sehr, denn vier Jahrzehnte wurde in Albanien alles religiöse Leben rücksichtslos ausradiert. Mir klopft das Herz so stark vor Freude, dass ich den dröhnenden Pulsschlag in den Ohren vernehme.

Ich stehe auf und reiche jedem Minister dankend zum Abschied die Hand. »Meine Herren, Sie haben soeben einen großzügigen Beschluss gefasst. Gott wird Sie segnen!«

Der Verteidigungsminister hält allerdings meine Hand ungewohnt lange fest. Dann sagt er:

»Nach unserem intensiven Gespräch wollen wir Fakten schaffen. Als Beweis unserer Zusage wird Ihnen heute der Diplomatenstatus verliehen. Sie können jederzeit ins Land einreisen und sich hier frei bewegen.«

Das werde ich tun. Die Missionsarbeit in Albanien beginnt.

Als Erstes druckt Mission »Ost-West« das Johannes-Evangelium in albanischer Sprache. Es finden sich bald junge Albaner, die das landesweite Verteilen organisieren. Die Evangelien werden auf Marktplätzen und an den Universitäten verteilt. Die Menschen greifen zu. Im Kommunismus stand es unter Strafe, eine Bibel zu besitzen, jetzt lesen die Albaner das Evangelium öffentlich – und staunen: Gottes Wort greift in ihr Leben ein. Mehr noch, sie wollen diese guten Worte mit Leben füllen. Wie ein winziges Senfkorn ist ihr christlicher Glaube, der sich nach vier Jahrzehnten Atheismus zu regen anfängt – verheißungsvoll. Die Liebe Gottes zu den Menschen bestimmt nun vielerorts das Leben.

Es wundert mich keineswegs, dass ich ständig neue Gesichter unter den jungen Männern sehe, die das Evangelium nicht nur austeilen wollen, sondern die zu unserem Bibelunterricht kommen mit der Bitte: »Lehren Sie uns, die Botschaft Jesu zu verstehen?«

Besonders an den Hochschulen sprießen Studentenkreise hervor. Erweckliches Leben wird landauf, landab sichtbar. Die Zahl der zumeist jungen Christen wächst. Ihre Bitte, sie zu taufen, kann ich nicht abschlagen. Bereits 1995 gründen albanische Christen auf meine Initiative hin die »Evangelische Kirche der Albaner«.

Auch das ist außergewöhnlich für eine Kirche: Sie hat keine Kirchen. In Europa dürfte das einmalig sein. Sie ist aber als Kirche eine missionarische Bewegung – ohne Gemeindesäle, aber mit hunderten Gläubigen. Die Gemeinden versammeln sich in Wohnzimmern und in gemieteten Gaststätten, bei gutem Wetter in den Gebirgswäldern und in Parks. Ihre Gemeindeglieder sind bitterarm, das ist der Grund, warum es keine Gemeinderäumlichkeiten gibt. Für den biblischen Unterricht stehen hin und wieder in den Universitäten Hörsäle zur Verfügung. Doch eigene Kirchen bauen zu können, bleibt für die schnellwachsende Schar der Gläubigen vorerst wohl nur ein Herzenswunsch und ein Gebetsanliegen.

Albanische Studenten hinterfragen gern ihre Lehrer – und ich finde das in Ordnung. Irgendwann kommt ganz bestimmt die Zeit, wo sie weniger fragen, sondern Antworten bereithaben. Das wird die Zeit sein, wenn sie Verantwortung in den neu gegründeten, kleinen Christengemeinden übernehmen. Diese Zeit kommt

»Du werter Heiliger Geist, leite mich in alle Wahrheit – und erinnere mich auch an Einzelheiten, die ich damals erlebt und erlitten habe. Ich verdrängte sie oft und wollte sie am liebsten vergessen. Jetzt brauche ich auch die kleinste Erinnerung, um zu verdeutlichen, was Gottes Gnade bewirkt. Ich weiß, du hilfst mir. Amen.«

Der grausame Zweite Weltkrieg ist soeben beendet. Englisches und kanadisches Militär haben 1945 in den Niederlanden jeglichen Widerstand der deutschen Besatzungstruppen gebrochen. Befreiungsjubel – überall auf den Straßen und Plätzen meiner Heimat. Das wundert mich nicht, weil das niederländische Volk die deutsche Kriegsbesetzung als entwürdigend und schmerzvoll erlebt und erlitten hat. Menschenleben sind zu beklagen, die durch die deutsche Wehrmacht zu Tode kamen.

So geschah es auch in unserem Haus. Der Gärtner Joop wurde von deutschen Soldaten getötet, weil er vereiteln wollte, dass diese unser

Pferd und das Fohlen aus dem Stall rauben. Er starb beim Pferdestall vor unseren Augen.

Der andere schwere Verlust, den ich zu verkraften hatte, war: Mein langjähriger Musiklehrer Bram, der eigentlich Abraham Cohen hieß, wurde 1944 von den deutschen Besatzern aus seinem Hause geholt und verschwand für immer im Konzentrationslager Bergen-Belsen. Dort wurde der junge Musiker vergast, weil er Jude war.

Wir Niederländer waren machtlos gegenüber der grausamen Gewalt, die die Deutschen in unserem Lande brutal ausübten. Hinzu kommt, dass viele Landsleute in den Jahren 1942 bis 1944 verhungerten, weil die Besatzungsmacht unser kleines Land ständig ausplünderte und die landwirtschaftlichen Produkte unserer fruchtbaren Wiesen und Äcker in Richtung Deutschland abtransportierte. Die niederländische Untergrundbewegung versuchte zwar, durch Sabotageakte diese Plünderungen zu verhindern. Vielfach blieb sie erfolglos. Oft verloren die Männer und Frauen des Widerstandes bei solchen Aktionen ihr Leben.

Die deutschen Besatzer kannten keine

Gnade. Wer immer gegen die deutschen Anordnungen öffentlich protestierte oder beim Widerstand erwischt wurde, wurde getötet.

Unsere Freude über die Befreiung ging also einher mit der Trauer in so mancher Familie, die einen Angehörigen während der fünf Kriegsjahre verloren hatte. Und noch etwas bewegte viele meiner Landsleute: In vielen Niederländern wütete der pure Hass gegen alles Deutsche. Gegen alle Deutschen.

Bei Kriegsende war ich mit meinen vierzehn Jahren ein kleiner Gymnasiast. Meine Verwandten, die in der niederländischen Untergrundbewegung aktiv gewesen waren, wollten mit unserem Hause nichts, aber auch gar nichts zu tun haben. Auch ich war ihnen suspekt. Warum? Nun – in unsere Familie hatte einst ein Deutscher eingeheiratet, dessen Namen wir trugen. Dieser Umstand schlug sich nun erbarmungslos und mit aller Härte im Umgang mit uns nieder, obwohl wir uns stets als Niederländer verstanden und als solche gelebt hatten. Fast das ganze Volk schwelgte im Hass gegen alles Deutsche – und damit auch gegen unsere Familie.

Darum hatten in den letzten Kriegstagen niederländische Untergrundkämpfer meinen Vater gefangen genommen und ihn kurzerhand an einem Baum aufgehängt.

Unsere Mutter erhielt mit meinem vierjährigen Brüderchen Hans Landesverbot und lebte verarmt in der britischen Besatzungszone in Westdeutschland.

Mein Onkel Kees aber, der sich als Untergrundkämpfer bei so manchem Sabotageakt gegen die deutsche Wehrmacht hervorgetan hatte, nahm mich nach Kriegsende in seine Familie auf. In seinem großen Haus konnte ich mich gut verstecken. Ich fürchtete mich sehr vor Nachbarn und Verwandten, die mich eines Tages als »Deutschen« erkennen und mich der Staatsgewalt ausliefern könnten, denn ihren Hass gegen unser Haus kannte ich seit Kriegsausbruch 1940 sehr wohl. Auch sie trieben auf der Hasswelle – wie viele meiner Landsleute – und diese Welle war ungeheuerlich hoch und unberechenbar grausam. Ständig musste ich also um mein Leben bangen.

»Geh niemals auf die Straße! Es gibt genug Deutschenhasser in der Stadt, die über dich herfallen und dir was antun können. Denk an das Schicksal deines Vaters. Ich will nicht, dass dir Ähnliches passiert«, mahnte Onkel Kees täglich. Er hatte recht: Warum sollte ich mich unnötig in Gefahr begeben? Bei Tante Riek und Oome Kees fühlte ich mich geborgen. Und doch kämpfte ich innerlich mit der aussichtslosen Lage, in die ich durch die politischen Ereignisse geraten war. Meine Zukunft ist zerstört, sagte ich mir oft. Zutiefst war mir klar, dass mein Leben nie wieder so werden würde, wie es bisher – unbeschwert und glücklich im harmonischen Elternhaus – war. Ich schämte mich auch vor meinem Onkel, den Makel tragen zu müssen, von nun an immer ein Deutscher zu sein.

Durch das große Wohnzimmerfenster sehe ich zwei Personen schnurstracks auf das Haus meines Onkels zukommen. Meine Tante Riek öffnet die Tür.

»Wohnen hier Mijnheer und Mevrouw Renesse?«

»Ja, natürlich, ich bin Riek Renesse – und wer sind Sie?«

Eine Antwort höre ich von den beiden nicht.

Mein Blut erstarrt in den Adern, als ich die nächste Frage höre.

»Wohnt bei Ihnen der ›Jonge Heer‹ Gerhard Jan Rötting de Renesse?«

Die Schritte in der Eingangshalle verraten, dass die Männer auf das Wohnzimmer zugehen, wo ich mich aufhalte. Die Tür wird aufgestoßen. Einer der beiden zieht seinen Polizeiausweis hervor.

»Ich bin Polizeikommissar Piet Marijsse und das ist mein Kollege Schürman. Sind Sie der ›Jonge Heer‹ Gerhard Jan Rötting de Renesse?« Ich nicke. »Dann kommen Sie mit uns ins Präsidium! Sie sind verhaftet!«

Kann man ein Jungenherz mehr erschrecken, als es jetzt der Fall ist?

Tante Riek legt gegen meine Verhaftung Einspruch ein, aber ihre Worte werden nicht beachtet. Die beiden Polizisten drängen mich zur Haustür.

»Geerart, warte, ich packe dir noch schnell einige Kleider, Socken und Unterwäsche ein …«

»Lassen Sie das, Mevrouw, all das Zeug braucht der ›Jonge Heer‹ nicht mehr«, mault der ältere Polizist.

Was sich nun in den folgenden Minuten innerlich bei mir abspielt, ist nicht in Worte zu fassen: Verzweiflung überfällt mich. Ich bin verhaftet. Stehe ich am Ende meines jungen Lebens als Staatsfeind da? Eine tiefe Niedergeschlagenheit überfällt mich. Ich bin in fremden Händen und kann mich nicht wehren. Wo ist jetzt mein Onkel Kees? Ist Fliehen eine Möglichkeit? Nein. Das wäre ein aussichtsloses Wagnis, denn die beiden Polizisten sind bewaffnet.

Als ich zwischen den beiden Beamten durch die belebten Straßen geführt werde, schauen mich die Leute vielsagend an – als wüsste jeder, wer ich bin: ein Staatsfeind. Meine Knie sind weich. Ein Gymnasiast aus einer der höheren Klassen kommt auf mich zu, spuckt auf die Erde und zischt mir entgegen: »Na, ist wieder ein Scheiß-Deutscher erwischt worden? Prima!« Noch einmal spuckt er.

Was wird noch auf mich zukommen? Wird mir womöglich der Prozess gemacht? Ich gehe zwar erhobenen Hauptes zwischen den beiden Polizisten daher, aber frage mich ständig: Womit muss ich in den kommenden Stunden und Tagen rechnen? Was erwartet mich? Werde ich gehängt – wie mein Vater?

Im Polizeipräsidium muss ich einen Zettel unterschreiben. Damit bin ich ab sofort Gefängnisinsasse und werde von den beiden Polizisten dorthin gebracht. Ein Wärter treibt mich vor sich her, holt aus seinem rasselnden Schlüsselbund immer einen anderen Schlüssel, um die Stahltüren auf den langen Fluren aufzuschließen. Sorgfältig schließt er sie sofort hinter uns zu. Werde ich je wieder durch diese Türen gehen, um nach draußen zu kommen? Wann? Als freier Mensch?

»Los, du übler Deutscher!«, brüllt er mich wiederholte Male an – bis wir schließlich vor der Zellentür 427 stehen. Er packt mich mit seiner linken Hand am Hemdkragen, fischt geschickt mit seiner rechten Hand aus dem Schlüsselbund mit seinen dreißig, vierzig Schlüsseln den passenden heraus, öffnet damit die Stahltür – und stößt mich in die leere Zelle.

»Bereite mir keinen Ärger, du Sau-Deutscher, sonst werde ich brutal!«

Noch Tage danach höre ich in meinem Geist

das Klirren der vielen Schlüssel am Bund dieses Wärters.

Die schmale Zelle wird nur notdürftig durch ein winziges Fenster erhellt, das sich ganz oben unter der Decke befindet. Hinausschauen kann man nicht. Auf der Pritsche befindet sich eine verpinkelte Seegrasmatratze, die für meine breiten Schultern zu schmal und für meinen langen Körper dreißig Zentimeter zu kurz ist. Da gibt es noch eine braune Baumwolldecke; sie ist ausgefranst, stinkt eklig und fühlt sich speckig an. Das WC ist von vielen Gefangenen benutzt und von keinem gereinigt worden – mich ekelt dieser Schmutz an. Im Waschbecken liegen Haare in einer Fettschicht, die grau von Zigarettenasche ist. Der Fußboden ist schon lange nicht mehr aufgewischt worden, denn die Flusen sind so groß wie Mäuse, die umherwandern. Alles schlimm für einen Schuljungen, der Ordnung und Sauberkeit gewohnt ist. Wie lange werde ich ohne Zahnbürste und Waschlappen hier sein? Kein Handtuch, kein Schlafanzug. Nur ein Taschentuch – das ich wie lange benutzen muss? Die Unterwäsche trage ich bei Tag und bei Nacht.

Die Zeit scheint in der muffigen Zelle stillzustehen. Ich habe keine Ahnung, wie spät es ist. Die Armbanduhr wurde mir bei der Einlieferung ins Gefängnis weggenommen – ebenso die Schnürsenkel der Schuhe und der Gürtel.

Die Nächte kommen mir unheimlich lang vor. Doch schlimmer als alles, was mir hier fehlt und was ich empfinde, sind meine Gedanken, die bei meinem Onkel Kees und meiner Tante Riek sind, und ich ahne, wie sie um mich besorgt sind. Werden sie versuchen, mich aus dem Gefängnis herauszubekommen? Meine Gedanken sind ständig bei meiner Mutter, die irgendwo mit meinem vierjährigen Brüderchen Hans allein in Deutschland ist. Eine Fremde in der Fremde. Welch bittere Erfahrung für sie.

Heimweh packt mich, das durch die tagelange Isolation zunimmt. Niemand scheint Notiz davon zu nehmen, dass ich hier einsam dahinvegetiere. Das Gefühl, vergessen zu sein, ist für ein Kind unerträglich.

Die Zellenwände sind mit Wutsprüchen vollgeschmiert, die mit fingerdickem Braun aufgetragen worden sind. Diese Fingerspuren ekeln mich an. Es ist unschwer zu erkennen, wo sie herkommen. Ich starre sie – wer weiß wie lange – an. Und doch üben diese Wandparolen der ehemaligen Insassen ihre Wirkung auf mich aus: Ihre Wutsprüche senken sich tief in mein Inneres. Sie machen mich aggressiv. Täglich mehr.

Wenn ich morgens auf der Matratze sitze, ist mir, als ob mit jedem Tag schwarze, tiefe Sturmwolken mich mehr und mehr einhüllen, die jeden Moment mit Blitz und Donner sich über mich entladen können. Ja, ich wünsche es mir an manchem Morgen, dass ein chaotisches Sturmbeben kommt, dieses Gefängnis in Schutt und Asche legt und mich unter seinen Trümmern begräbt. Dann wäre alles plötzlich totenstill und ich müsste nicht weiter über meine aussichtslose Lage brüten! Tief innen aber weiß ich, dass dieser vernichtende Sturm nicht kommen wird. Er ist meinem Wunschdenken entsprungen, das von einem wachsenden Hass herrührt.

Die Scheiß-Sprüche an den Wänden sind der einzige Lesestoff in der engen Zelle. Sie zwingen mich, sie zu lesen. Sie inspirieren inzwischen mein Leben – immer mehr.

Ich sage mir: Widersetze dich dem Dreck und singe! Denn ich singe für mein Leben gern. Bereits vor der Einschulung lernte ich von Mutter das Singen. Singe jetzt – wie der Vogel! Auch er singt, wenn es noch dunkel ist und er noch nicht weiß, wie sein Tag aussehen wird. Doch es geht nicht – mein Singen ist verstummt. Ist es, weil ich ständig die dreckigen, hasserfüllten Fluchworte an den Wänden immer neu buchstabiere? So ist es: Die Wandschmierereien nehmen einen stets breiteren Raum in meinem Denken ein. Hass flackert in mir auf, den ich nicht zu stoppen vermag. Er wächst und wächst. Hass will sich bekanntlich entladen.

In meinen Gedanken ziehe ich all jene mit in den Bannstrahl meines Hasses, die dafür gesorgt haben, dass ich hier gefangen gehalten werde und hungere. Das Grübeln nimmt kein Ende: Wer hat mich bei der Polizei verraten? Wer wollte mir Schaden zufügen?

Oft trete ich in meiner Wut mit den Füßen gegen die Zellentür und schreie: »Wer sagt, ich wäre ein Deutscher, der irrt gewaltig! Holt mich hier raus!« Oder ich trommele mit den Fäusten gegen die Wände: »Ja, kommt mit einem dicken

Strick! Hängt mich, wie ihr meinen Vater aufgehängt habt!«

Niemand nimmt Notiz von meinem Toben. Die Finsternis weicht nun keinen Augenblick mehr von mir. Verbitterung nimmt mir schier die Sinne. Kaum ein Tag vergeht, an dem ich mich nicht auf dem dreckigen Boden der Zelle wiederfinde, wenn ich nach schmerzvollen Herzattacken aus der Bewusstlosigkeit aufwache. Grübelnd und weinend raufe ich mich zusammen und falle meistens in einen leichten Schlaf – auf der verpinkelten, übel riechenden Seegrasmatratze. Meine grollende Seele bleibt sogar in den Träumen voll Grimm, weil sie gänzlich wundgerieben ist.

Die einzige Abwechslung ist, wenn sich morgens und abends die Luke in der Zellentür öffnet.

»Becher hinstellen! Teller her!«

Ein Stück Brot, ein Stückchen Wurst und ein Happen Käse – das ist alles, was der Wärter durch die Luke auf mein Blechgeschirr schiebt. Dann gießt er den süßen, lauwarmen Tee in den Blechbecher und reicht ihn mir. Bevor er die Türöffnung fluchend und schimpfend wieder verriegelt, folgt obligatorisch sein »Friss und sauf, du Sau-Deutscher!«

In aller Frühe höre ich jeden Morgen das Rasseln des gewaltigen Schlüsselbundes. Der Wärter schreitet durch den langen Gefängnisgang. Er schließt hier und da eine Zellentür auf und erteilt Kommandos. Darauf folgen meistens herzzerreißende Männerschreie. Gebrülle schallt durch den Zellentrakt: »Ich will nicht sterben! Lasst mich leben!« Mancher Mitgefangene winselt auch nur: »Ich hab doch nichts Schlimmes getan! Tötet mich nicht! Meine Kinder brauchen mich dringend!«

Jeden Morgen lausche ich gespannt, ob auch meine Tür geöffnet wird – und atme auf, wenn die Schritte des Wärters an meiner Zelle vorübergehen. Meistens denke ich dann: Heute wirst du nicht abgeholt, um aufgehängt zu werden! Wahrscheinlich ist es erst morgen so weit. Heute kannst du noch an Mutter und an dein Brüderchen Hans denken, die irgendwo in Deutschland in Armut und Elend leben.

Ob Mutter heute an mich denkt? Wenn jedes Lebenszeichen fehlt, zerreißen dich die Sorgen um den Menschen, den du am meisten liebst.

O Mutter! Mutter, du bist so fern! Ich vermisse deine Stimme. Werde ich je wieder dein Lachen und Singen hören – wie damals, als du fröhlich durch die Flure und Räume unseres Hauses gingst? Wie gerne lauschte ich deinem Musizieren auf der Violine! Deine Herzlichkeit und Liebe tat jedem im Hause wohl. Nicht zuletzt mir.

»Mutter …!« Dieses Wort müssen sich die Zellenwände oft anhören. Dann ist der halbdunkle Gefängnisraum voll mit meinem Kindergeschrei. »Muuutter! Muuutter!« Die Wände sind kalt und schlucken mein Rufen. Ein Echo bleibt aus.

Auch an diesem Morgen höre ich das Rasseln der vielen Schlüssel. O Schreck! Der Wärter bleibt vor meiner Zelle stehen. Schnell springe ich von der Pritsche hoch, aber ich merke: Meine Knie zittern derart, dass ich mich kaum auf den Beinen halten kann. Deutlich vernehme ich, wie er den Schlüssel ins Schloss meiner Zellentür steckt und sie öffnet. Da steht der »Bulle« in voller Montur im Türrahmen und schreit mich an:

»Fertig machen! Raustreten, du Sau-Deutscher! Weg hier! Du wirst sofort diese Zelle räumen!«

Ich weiß nicht, was mich erwartet, und schreie wie die anderen Häftlinge, die in den letzten Wochen – und auch heute wieder – abgeführt worden sind. Ich werfe mich lang ausgestreckt bäuchlings auf die Pritsche und umklammere sie mit beiden Armen:

»Ich räume die Zelle nicht! Du lügst! Ich bin kein Deutscher – und habe niemandem was getan! Lass mich leben! Ich will nicht sterb...!«

Als ich aus der Bewusstlosigkeit aufwache, spüre ich gewaltige Herzschmerzen. Ich kenne dieses Herzstechen von Kindesbeinen an, denn ich bin mit einem zu kleinen Herzen geboren. Jedes Mal, wenn ich mich besonders aufrege oder anstrenge – zum Beispiel beim Sportunterricht in der Schule –, falle ich in Ohnmacht. Bei Weit- oder Hochsprung, meinen beiden besonders beliebten Sportdisziplinen, musste ich oft innehalten oder aussetzen, wenn das zu kleine Herz überlastet war und sich verkrampfte. Dann fiel ich oft ohnmächtig zu Boden.

Jetzt sehe ich zuerst die Zimmerdecke. Nein, das ist nicht die rauchgeschwärzte Decke meiner Gefängniszelle. Ich ertaste mit den Händen die saubere Bettdecke. Alles ist so ungewohnt, so anders! Neben meinem Bett steht ein in Weiß gekleideter Mann, der mich aufmerksam beobachtet. Mit besorgtem Gesicht fühlt er meinen Puls. Ein Arzt?

Er tätschelt heftig meine Backen:

»He, ›Jonge Heer‹, nicht wieder in Ohnmacht fallen! Geerart, heute ist ein besonderer Tag für dich! Komm, bleib wach!«

Wie lange hat mich niemand mehr bei meinem Vornamen genannt. Träume ich? Fantasiere ich?

»Geerart, bleib wach! Hallo, wach bleiben!«

Der Arzt richtet mich auf und ich schaue mich verdutzt um. Tatsächlich, das hier ist nicht die eklige, halbdunkle Gefängniszelle.

Ich bin woanders. Aber wo?

Der Arzt hat einen Stuhl neben mein Bett gestellt und setzt sich zu mir. Nun kann ich sein Gesicht sehen. Es kommt mir bekannt vor.

»Doktor …!« Mir fällt sein Name nicht ein. Aber ich kenne ihn, denn er war oft bei uns im Hause. Ein Freund meines Vaters.

»Doktor … Doktor Heyn! Wo bin ich?«

Der Arzt streicht mir übers fettige Haar:

»Geerart, ich wurde gerufen, nachdem du bewusstlos aus der Gefängniszelle hierhergetragen wurdest. Das ist mehr als eine Stunde her. Du hattest mal wieder einen deiner schweren Herzanfälle, die deine Eltern so fürchteten, weil sie Angst um dich hatten. Und immer wieder hast du es geschafft. Mit Gottes Hilfe!«

Der Doktor zieht eine Spritze auf:

»So, das ist die dritte und letzte Injektion, die ich dir heute verpassen kann.«

»Aber, Doktor Heyn, wo bin ich?«

»Geerart, hier bist du in der Krankenstation des Gefängnisses. Heute erst habe ich erfahren, dass du in diesem Bau schon wochenlang gefangen gehalten wirst und was dir zugestoßen ist. Doch darüber reden wir ein anderes Mal. Du hast in den letzten Wochen viel gelitten. Ich muss jetzt sehen, wie ich dich wieder auf die Beine kriege. So schnell wie möglich. Dazu wurde ich beauftragt.«

Mein Herz krampft sich wieder zusammen und das entgeht dem Arzt nicht.

»Geerart, ruhig einatmen. Ganz tief, bitte. Ruhig, ganz ruhig ausatmen. Noch einmal einatmen. Und wieder langsam ausatmen. Gut so!«

»Doktor, ich möchte hier bleiben – bei Ihnen. Bitte, schicken Sie mich nicht wieder in die Gefängniszelle. Das halte ich nicht aus! Bitte, Doktor, wenn Sie das verhindern können, dann tun Sie es bitte!«

»Geerart, morgen komme ich und bin wieder für dich da. Versprochen!«

Am nächsten Tag hilft mir der Arzt aufzustehen. »Komm, stell dich auf die Füße! Das tut deinem Kreislauf gut. Können wir zusammen ein paar Schritte machen?«

Er hält mich fest am Arm und geht mit mir den Flur auf und ab.

»Geerart, wir gehen jetzt ins Büro der Krankenstation, um zu sehen, was ich für dich tun kann. Einverstanden?«

»Aber sicher, Doktor Heyn! Ich weiß, Sie helfen mir.«

Im Büro ist alles vorbereitet. Mein Gürtel liegt auf dem Schreibtisch, dazu die Schnürsenkel und die Armbanduhr. Daneben liegt ein Zettel, den ich unterschreiben soll. Der Polizeibeamte schaut den Arzt an:

»Herr Doktor Heyn, ist das medizinisch zu verantworten, dass Gerhard Jan Rötting de Renesse an die frische Luft geht?«

»Sicher doch!«

Der Doktor hilft mir, den Gürtel durch die Schlaufen meiner Hose zu ziehen; danach bückt er sich, um die Schnürsenkel in die Schuhe einzufädeln. Ich weiß nicht, was mit mir passieren soll.

Der Polizeibeamte öffnet die Bürotür:

»Zweite Tür rechts. Da ist der Hauptausgang. Dort holen Sie, ›Jonge Heer‹, so viel frische Luft, wie Sie brauchen. Sie verstehen, was ich meine?«

Ich weiß nicht, wie ich zur schweren Ausgangstür gekommen bin. Doch dann stehe ich draußen. Weiße Quellwolken ziehen mit großer Geschwindigkeit hoch am Himmel vorüber.

Helles Sonnenlicht taucht mich in seine Wärme ein. Die Lindenbäume, die die Straße säumen, blühen und senden ihren besten Duft. Tief einatmen – dann langsam ausatmen. So sagte es der Doktor. Ich kenne diese Selbsttherapie von Jugend an.

Obwohl ich draußen bin, komme ich mit mir selbst nicht zurecht. Die Zeit in der miefigen, halbdunklen Gefängniszelle hat mir die Orientierungssinne geraubt. Außerdem bin ich nach der Herzattacke schwach. Sehr schwach sogar. Eine ganze Weile stehe ich hilflos da.

Ruft da jemand nach mir?

Mein Blick geht nach hinten zur verschlossenen Ausgangstür des Gefängnisses. Da ist niemand. Dann schaue ich die vielen Stufen hinunter zur Straße. Sind das fünfzehn oder zwanzig Stufen? Ich zähle sie nicht, weiß aber, dass es viele sind. Werde ich sie schaffen?

Zweimal schaue ich hin: Da! Da unten auf der Straße steht jemand. Er steht da – mit weit geöffneten Armen. Meine Erinnerung schaltet sich nur langsam ein: Das da – das ist mein Onkel!

»Oome Kees! Oome Kees!«, rufe ich aus Leibeskräften – bis meine Stimme sich überschlägt.

»Geerart! Geerart!«, klingt es deutlich die breite Außentreppe des Gefängnisses hinauf.

Nun achte ich nicht mehr auf meine körperliche Schwäche und springe immer zwei Stufen auf einmal nehmend – so schnell ich kann – und laufe in die offenen Arme, die sich fest um mich schließen:

»Geerart! Junge! Du bist frei! Du bist begnadigt.«

Langsam dämmert es mir: Hier steht dein Onkel Kees vor dir. Er umarmt dich. Wie kommt diese Veränderung in mein Leben – so urplötzlich wie ein Blitz in der Nacht, der alles Dunkel in mir erhellt? Ich wünsche mir, dass die Zeit nun stehen bleibt! So also sehen Freude und Glück aus!

»Oome Kees – ich begnadigt? Ich muss nicht in die Gefängniszelle zurück? Oome Kees, wieso kommt das alles so unerwartet, so plötzlich?«

Doch mehr als mein Wissensdrang zählt jetzt die Gegenwart eines Menschen, der mich immer noch in seinen Armen hält und mich an sich drückt. Die Zeit scheint tatsächlich vor lauter Glück stillzustehen. Da ist jemand, der mich liebt. Ich spüre seine Küsse auf meinen Wangen. Links. Rechts. Links. Rechts. Und dazwischen sagt er, mir leise ins Ohr: »Geerart! Geerart! Da bist du!«

Erst jetzt nimmt mein Onkel seine Arme von mir und schaut mich an. Er lacht zwar, aber in seinen Augen blitzen Tränen. Bedachtsam und leise sagt er:

»Ja, du bist begnadigt!«

Wie das klingt: »Begnadigt!«

Für einen kurzen Augenblick wende ich meinen Blick zurück zum Gefängnis. Welch gewaltiger Giebel! Die große Tür, durch die ich vor Wochen ging, als ich eingesperrt wurde, öffnet sich. Kommt da jemand heraus, der mich abholen will? Ein Gefängniswärter? Oder täusche ich mich? Angst schnürt mir die Luft ab. Tastend suche ich nach der Hand meines Onkels. Jetzt sehe ich deutlicher. Nein, das ist kein Gefängniswärter. Der Mann winkt uns zu.

»Dr. Heyn!«

Auch Oome Kees sieht den Mann im weißen Kittel und ruft: »Danke, Doktor!«

Dr. Heyn nickt und antwortet: »Geerart, morgen besuche ich dich! Vergiss es nie: Dein kleines Herz macht Gott nicht groß. Aber er macht es weit. Sehr weit – für die Zukunft!«

Ich winke zurück – es ist wie ein Versprechen unter freiem Himmel: »Verstanden, Doktor!«

Auf dem Weg nach Hause beginnt Oome Kees davon zu erzählen, wie er bei der Königin Wilhelmina um einen Besuchstermin gebeten hat, um ihr das Gnadengesuch für mich vorzutragen. Tatsächlich empfängt die Königin Oome Kees und hört meinen Onkel an.

»Geerart hat daheim durch seine Eltern nie eine nationalsozialistische Erziehung bekommen. Nie! Das bezeuge ich hiermit vor Ihnen, Majestät. Das ganze niederländische Haus Rötting de Renesse stand immer treu zu Ihrer Regentschaft und zu Ihrem Königshaus. Ihre Majestät möchte bitte Gnade walten lassen. Mein vierzehnjähriger Neffe, der nie ein Deutscher war, sitzt seit Wochen als vermeintlicher

Deutscher in Einzelhaft. Er, der niemandem auch nur irgendetwas zuleide getan hat, sitzt im Gefängnis. Sein Herz wird die Internierung nicht überleben. Vor allem wird dort in der Zelle nie und nimmer aus ihm ein standfester Demokrat. Nie! Begnadigen Sie ihn, bitte, dann kann ich ihn in mein Haus aufnehmen. Ich verspreche Eurer Majestät: Geerart wird es Ihnen lebenslang danken. Ich bin mir sicher, dass er dem Königshause verbunden und zugetan bleibt – wie zuvor.«

Königin Wilhelmina überlegt eine Weile, dann beordert sie einen Staatssekretär und diktiert ihm:

»Der ›Jonge Heer‹ Gerhard Jan aus dem Hause Rötting de Renesse steht mit heutigem Tage unter der Gnade und dem Wohlwollen des königlichen Oranienhauses der Niederlande.

Seine Internierung ist unverzüglich zu beenden.

Schloss Soestdijk, den 17. Juli 1945

Ihre Majestät Wilhelmina, Königin der Niederlande«

Als wir zu Hause ankommen, zieht Oome Kees vorsichtig das wertvolle Dokument aus seiner Tasche und überreicht es mir: »Geerart, so sieht Gnade aus!«

So ungepflegt, »speckig« und dreckig ich mich nach den Wochen der Gefangenschaft auch fühle, so glücklich bin ich in diesem Augenblick. Es dämmert mir immer mehr: Ich bin königlich begnadigt!

Wenn ich aber auch nur kurz die Augen schließe, sehe ich noch immer die schrecklichen Wandschmierereien der Gefängniszelle vor mir, die ich wochenlang anschaute und die mir einflößten: »Dein Leben ist für immer verpfuscht. Du wirst nur noch ein paar Tage leben, denn die Exekution naht. Du bist von aller Welt vergessen.« Öffne ich die Augen, dann schaudert es mich durch und durch beim Drandenken, welches Dunkel mich eingehüllt hatte.

Eine stille Freude erfüllt mich, denn ich begreife jetzt, dass genau in diesen für mich dunkelsten Wochen meines Lebens Onkel Kees bereits aktiv ist. Er schreibt der Königin Wilhelmina, fährt zu ihr hin, kommt mit dem Begnadigungsschreiben in der Tasche zurück und leitet meine Entlassung aus dem Gefängnis in die Wege – und ich weiß von alledem nichts! Hätte ich es nur geahnt, was für Kräfte sich bereits in Gang gesetzt haben, die mein Bestes suchen, die um mein Wohl besorgt sind! Ich wäre wohl kaum in die tägliche Panik geraten, die ein gewaltiges Chaos in mir bewirkte. Die Strapazen von Hunger und Einsamkeit wären besser zu ertragen gewesen, hätte mich ein Wort der Hoffnung erreicht. Sieht Gnade so aus: Deine dunkelste Tiefe wird bereits überstrahlt, während du das Licht noch gar nicht wahrnehmen kannst? Du leidest ahnungslos und kennst dich nur noch in der Finsternis aus?

Was habe ich daraus gelernt? Immer gibt es mehr als den Augenblick. Immer ist Gott größer. Es sind die vielen Danklieder, die ich einst von Mutter lernte, die in meiner Seele aufwachen. Bald singe ich das Lob zu Gott in die mir geschenkten Tage hinein.

Vergessen werde ich diese bittere Zeit nie, die

unerwartet, ja blitzartig endete, als die königliche Gnade das Dunkel überdeckte. Wie muss Gott uns liebhaben, wenn er uns solche schweren Tage und Wochen zumutet! Das sind Zeiten, wo er uns prüft, ob wir ihm vertrauen und auch dann noch lieben, wenn Finsternis uns umgibt. Niemand sucht oder suche diese dunklen, schmerzerfüllten Zeiten. Das besorgt uns der himmlische Vater auf seine Weise und zu seiner Zeit. Wichtig ist, dass wir sein Handeln bejahen. Wenn er tiefe, dunkle Wolken über unser Leben ausbreitet, ist das nie das Letzte, was er uns antut und zumutet. Gott zeigt uns dadurch das Bessere: Er will uns gnädig sein, weil er uns liebt. Mehr noch, er zeigt uns: Gnade ist ewig-göttlich. Wer von der Gnade erfasst wird, den verändert er existenziell.

Seit meiner Begnadigung zweifelte ich nie mehr an Gottes Macht und an seinem Willen. Gott sucht und findet Menschen, die er umgestalten kann. Er formt sie um in das Bild seines Sohnes Jesus. Wie er, sollen wir nicht nur ein wenig Liebe haben, sondern existenziell Liebe sein.

Dieser wohltuende Umgestaltungsprozess

fängt damit an, wenn wir in schweren Zeiten wahrnehmen und akzeptieren: Über unseren dunklen Zeitabschnitten strahlt dauernd seine heilige Absicht – wie die Sonne – ohne Aufhören.

Ich lege bewusst eine Pause ein.

Da erhebt sich jener junge Mann, der mir die Frage stellte. Aber er sagt kein Wort.

Auch die anderen jungen Gemeindeglieder sitzen zunächst regungslos da. Doch dann kommt Bewegung in die Schar: Sie applaudiert erst leise – doch dann immer lauter. Dankesworte folgen. Ich winke ab, weil ich Lob nicht mag.

»Ihr Männer, liebe Brüder, lasst mich noch etwas hinzufügen: Erlebte Gnade ist ein wunderbares Geschenk. Ja, ich habe sie erlebt. Ich weiß, wie es ist, wenn das göttliche Wort der Gnade über jemandem gesprochen wird, wenn du in offene Arme rennen kannst, die sich liebend um dich legen.

Wie Ihr Leben auch aussehen mag, wichtig ist, das Wort zu akzeptieren, das Ihnen persönlich zugesprochen wird: ›Du bist begnadigt!‹

Das ist deshalb die entscheidende Wende in Ihrem Leben, weil nichts und niemand Ihnen diese Lebenssicht wegnehmen kann oder zu ändern vermag. Gottes Liebe ist stärker als die Sonne und sie schließt immer die Gnade mit ein. Für diese Liebe gilt es, fortan zu leben.

Das Böse, ja, der Böse hat nach dieser Ihrer Schicksalswende keinen Anspruch, kein Recht mehr auf Sie. Ihr Leben steht ab sofort unter Gottes ewiger Gnade.

Das ist die eine Seite in Ihrem neuen Leben. Die andere Seite ist: Nun leben Sie ab sofort als Begnadigter – dankbar und glücklich! Das heißt: Seien Sie ab sofort auch zu anderen gnädig.

Noch dieses: Sagen Sie zu diesem Ereignis der Gnade ein erstes Mal Ja! Danach können Sie dieses Ja ständig wiederholen – sooft Sie wollen. Und was dann in Ihren Kräften liegt, das tun Sie aus dieser Gnade heraus.

Vergessen Sie es nie: Gott macht Ihr kleines Herz nicht groß, aber er macht es weit. Ganz weit. Und das für alle Zukunft! Nun sind Sie frei. Frei, um Gott und Menschen zu lieben – aus Gnaden.«

*Aus Gnaden seid ihr selig geworden*
*durch Glauben,*
*und das nicht aus euch:*
*Gottes Gabe ist es;*
*nicht aus Werken,*
*damit sich nicht jemand rühme.*

*Denn wir sind sein Werk,*
*geschaffen in Christus Jesus*
*zu guten Werken,*
*die Gott zuvor bereitet hat,*
*dass wir darin wandeln sollen.*

So der Apostel Paulus in seinem Brief an die Epheser, Kapitel 2,8–10.

**Nachtrag**

Gerhard Jan Rötting de Renesse wagt sich 1945 über die »grüne Grenze« nach Deutschland, um seine Mutter und seinen Bruder zu suchen. Er findet sie in der grenznahen Grafschaft Bentheim, wohin auch sein Vater im Frühjahr 1945 flüchtete. Er wurde nicht durch niederländische Untergrundkämpfer gehängt, wie es seinem Sohn in den Niederlanden gesagt wurde. Die Familie ist nun vereint, wenn auch sehr verarmt.

Gerhard Jan Rötting legt bei Volljährigkeit den zweiten Namensteil »de Renesse« ab, weil er nach seiner völligen Hinwendung zur Person Jesu Christi sich mit unter die Schuld jener Deutschen stellt, die millionenfach Menschen im Zweiten Weltkrieg umbrachten – auch Juden, die er persönlich kannte. Er will ganz Deutscher sein.

Nach seiner Tätigkeit in der Textilindustrie beginnt er 1954 eine theologische Ausbildung am »Johanneum« in Wuppertal und später an der Universität in Münster/Westfalen. Nach Gemeindediensten in Ostfriesland gründet er 1961 die Jesus-Bruderschaft Gnadenthal und 1988 die Mission »Ost-West«.

# Wohin das Rad eines Schubkarrens rollen kann

# 2

*Nie zuvor war ich in Rumänien und dieses erste Mal im Jahre 1991 auch nur, weil ich eine Woche nach dem Sturz des Staatspräsidenten Ceauşescu angerufen wurde. Ein rumänischer Pastor hatte durch irgendjemanden aus Deutschland unsere Anschrift und die Telefonnummer bekommen und einer rumänischen Ärztin weitergegeben. Die Ärztin fragte mich: »Könnt ihr nach Rumänien kommen, um den ärmsten Christen hier beizustehen und um uns konkret zu helfen? Oder habt ihr die Möglichkeit, tausend und mehr Kinder aufzufangen, die in den letzten Tagen aus den Waisenhäusern ausgebrochen sind – und jetzt die Straßen und Marktplätze füllen?« Verwirrt lege ich den Telefonhörer auf. Wenn das kein schlechter Scherz war, dann ist es eine große Herausforderung an unsere junge Mission »Ost-West«, die drei Jahre zuvor von sieben Christen in meinem Wohnzimmer in Gießen gegründet worden war!*

*Helfen in Rumänien – aber wo sollen wir in diesem Land mit seinen 24 Millionen Einwohnern anfangen? Bei dieser Ärztin, die mich anrief? Oder finden wir eine christliche Gemeinde in diesem weiten Land, die später zur Basis für unsere Dienste werden kann? Da sind so viele Fragen!*

*Nach dem Hören auf den Willen Gottes und den Gesprächen mit den leitenden Brüdern im Vorstand beschlossen wir, dass ich erst einmal hinfahren soll, um zu sehen, wo in diesem armen Land die Not am größten ist. Vielleicht gibt der himmlische Vater während dieser Reise einen Fingerzeig, in welchem Ort, in welcher Gegend, wir für ihn ›da‹ sein können. Nach meiner Rückkehr soll ich dem Vorstand ausführlich berichten, wo und wie wir in diesem Lande helfen.*

Das Telefongespräch mit der rumänischen Ärztin ist wiederholte Male durch lautes Knacken gestört worden. Halbe Sätze sind ausgefallen. Ich habe den Eindruck, dass jeden Augenblick die Verbindung unterbrochen werden kann. Das war damals mit dem Telefonieren auch so, wenn ich mit den Brüdern in der Ukraine oder in Russland sprach – heftiges Rauschen und wiederholtes Knacken in der Telefonleitung. Das ist heute nicht anders. Um das Telefongespräch nicht unnötig in die Länge zu ziehen, bitte ich die Ärztin nicht, ihre Sätze zu wiederholen. Auch ihre Anschrift habe ich nur bruchstückhaft mitbekommen. Nachdem wir das Gespräch beendet haben, atme ich tief durch und sitze eine Weile neben dem Telefonapparat. Dann nehme ich einen Schreibblock und notiere, was ich bruchstückhaft verstanden habe. Wort für Wort, Satz für Satz stelle ich die Wortfetzen zusammen.

»Wir Rumänen sind frei. Das rumänische Staatsgefüge ist zusammengebrochen. Es herrscht Chaos im Lande. Alle Geschäfte sind geschlossen. Brot fehlt. Hunger. Panzer auf den Straßen. Tausende Kinder sind aus den Heimen geflohen. Sie lungern auf den Straßen und Marktplätzen herum. Draußen ist es bitterkalt. Keine Kohlen. Die Mietwohnungen sind kalt, die Fernwärme gibt nur 9 Grad plus ... mehr nicht. Die heimatlosen Kinder und auch ältere Menschen haben kaum Überlebenschancen. Sie erfrieren. Tagelang nichts zu essen. Es fehlt an Kleidung und Medikamenten. Unzählige Menschen sind ratlos oder verzweifelt ... Deswegen rufe ich an. Die Gemeindeleitung lässt grüßen.«

Nachdem ich mit den Vorstandsmitgliedern unserer Mission »Ost-West« telefoniert habe, sind wir eins im Glauben: Ich soll ins Ungewisse losfahren – und doch in der Gewissheit, unser Herr Jesus Christus fährt mit!

Einiges an Kinderkleidung packe ich noch am Abend in den Audi. Den restlichen Gepäckraum fülle ich mit Lebensmitteln. Mein Bargeld verstecke ich in verschiedenen Taschen, um es sicher über die Grenze zu bringen. Morgen in der Frühe beginnt die Reise.

Ein junger Missionsfreund, Kornej, möchte mitfahren, damit ich die lange, zweitägige Tour nicht selber am Steuer verbringen muss. Er ist übrigens ein erfahrener Chauffeur, der das schwer beladene Auto sicher lenkt.

Unterwegs singen wir Loblieder zur Ehre des himmlischen Vaters; wir beten laut und zuversichtlich für all jene Menschen, die er uns in den kommenden Tagen in den Weg stellen wird. Kornej nennt das ein »Voraus-Segnen«.

Wir nähern uns der jugoslawisch-rumänischen Grenze. Wird es auch dieses Mal Probleme geben? Vor einem Jahr habe ich versucht, nach Rumänien zu kommen. Unmöglich. Obwohl wir damals einen Transporter mit Medikamenten und wertvollen Lebensmitteln in das

Land bringen wollten, wiesen uns sture und grimmig dreinsehende rumänische Zöllner mit den zwei auswendig gelernten Sätzen in deutscher Sprache ab: »In unserem Land herrscht keine Not! Kehren Sie zurück!« Und doch unterließen sie es nicht, den Transporter stundenlang zu untersuchen. Dabei steckten sie schwupp-die-wupp – wie raffinierte Taschendiebe – Kaffee, Tee und Medikamente in ihre weiten Uniformblousons. Noch begehrter waren für sie Filme für den Fotoapparat und unsere elektrischen Rasierapparate. Während sich damals die rumänischen Zöllner an den Inhalt unserer humanitären Hilfe machten, mussten wir draußen bleiben und zusehen, wie unsere guten Sachen auf Nimmerwiedersehen verschwanden! Was die vier Zöllner vor einem Jahr nicht fanden, das waren unsere »Schätze«. Wir hatten in einer Zwischenwand des Transporters 220 Neue Testamente in ihrer Sprache versteckt. Leider wurden wir seinerzeit nicht in ihr hungerndes Land gelassen und kehrten ziemlich enttäuscht nach Deutschland zurück.

Jetzt nimmt an der rumänischen Grenze eine uniformierte Frau unsere Pässe entgegen, schaut rein, vergleicht unsere Gesichter mit dem Passbild und wünscht eine »Gute Fahrt!« Keine Kontrollen mehr. Erleichtert atmen wir tief durch und können es kaum glauben: Wir sind in Rumänien! Nichts ist beschlagnahmt! Auch die 40 Neuen Testamente in rumänischer Sprache, die ich in die Zwischenböden von zwei Reisetaschen gepackt hatte, sind nun in Rumänien.

Der Wunsch nach Bibeln ist in Rumänien deshalb so groß, weil über Jahrzehnte keine christliche Literatur im Lande hergestellt oder vertrieben werden durfte. Die Kommunisten hassten Gottes Wort wie eine gefährliche Virenseuche, die ihr Land befallen und in eine völlig andere Zukunft führen könnte, die stabiler als ihr marxistisches Regime wäre. Hurra! Wir bringen euch Rumänen die »Gute Nachricht«: Jesu Wort – und das seiner apostolischen Nachfolger. Wir sind in Rumänien – aber wem werden wir hier als Christen, als Jesu Jünger begegnen?

Längst liegt die Grenzstadt Timisoara hinter uns, als wir das erste Mal stoppen. Wir sind bereits sehr müde, denn es ist der zweite Tag, an dem wir unterwegs sind. Aber was jetzt auf uns zukommt, ermüdet noch mehr. In Rumänien kann Kornej auf den miserablen Straßen nur 20, höchstens 30 Stundenkilometer fahren. Behutsam und sicher lenkt er den Audi. Es ist kaum Verkehr auf den schlechten Wegstrecken; wir sehen während der ganzen Fahrt nur vier ausländische Rot-Kreuz-LKWs. Sie bringen wohl auch humanitäre Hilfen nach Rumänien. Hin und wieder kommt uns ein schrottreifer PKW aus Landesproduktion entgegen. Kein Fahrzeug überholt uns die 453 Kilometer lange Strecke von der Grenze bis Brasov. Panzer stehen am Straßenrand oder haben sich im nahen Buschwerk versteckt. Immerhin: Der Volksaufstand ist erst vor einer Woche beendet.

Die Straßen sind von den Panzerketten verdreckt, und Kornej erkennt nur sporadisch etwas Asphalt auf den Fahrstrecken, die breite und tiefe Löcher vorweisen. Mein Rücken schmerzt von den ständigen Stößen. Kornej vollbringt eine Meisterleistung. Wenn die Karosserie kräftig kracht, singen wir. Wollen wir mit unserem Gesang die »Schmerzen«, die das Auto aushalten muss, übertönen? Unsere Bassstimmen sind alles andere als ein wohlklingendes Duett: »Herr Jesus Christus, schick zur

Freud, vier starke Engel zum Geleit …!« Warum es ausgerechnet vier Engel sind? Ganz einfach: Vorn und hinten und an den beiden Seiten des Autos je ein Engel. Doch unser Beten und Singen besteht zumeist aus Loben und Dank für die bisherige Bewahrung auf diesen gefährlichen Wegen. Wer dankt, der zeigt, dass er vertraut! Wer dankt, der bleibt zukunftsfähig!

Die langgestreckten Straßendörfer haben es mir angetan. Ich liebe ländliche Dörfer, weil vor ihren Häusern meistens hohe Misthaufen stehen, die eine herrliche Landluft verströmen. So auch hier. Doch die Häuser sind in einem erbärmlichen Zustand. Es fehlt an Farbe und der Häuserputz ist vielfach abgefallen. Nur hin und wieder sehe ich Leute. Meistens ziehen sie aus ihren Brunnen, die sich am Straßenrand befinden, Eimer um Eimer Wasser hoch, das sie nach Hause schleppen.

Was hatte die rumänische Ärztin aus Brasov am Telefon gesagt? »Hunger. Tausende Kinder sind aus den Heimen entflohen.« Aber ich sehe kaum welche. Und wenn – dann verschwinden sie schnell hinter den hohen Hoftoren der bäuerlichen Häuser, sobald sie unser »westliches«

Auto zu Gesicht bekommen. Sie scheinen sehr scheu zu sein. Oder sind sie verängstigt? Kinder – geht es mir durch den Sinn. Früher einmal habe ich gehört, es gäbe in Rumänien Kinderheime voll mit »Ceauşescu-Kindern«. Stimmt es, was mir erzählt worden ist? Der Staatspräsident Ceauşescu hatte die Idee, möglichst viele Kinder in seinem Land zu haben: Kinder, die ihm gehören sollten. So lud er unzählige ledige Frauen zu Ferienzeiten in staatliche Erholungshäuser ein, die von jungen Soldaten »betreut« wurden. Der Plan ging auf. Die Neugeborenen wurden abgegeben, denn es war für die jungen Mütter eine große Ehre, ihre Babys dem Staatsmann Ceauşescu für immer zu überlassen. Den Mädels wurde versprochen: »Euren Kindern steht eine blendende Zukunft bevor.« Und welche Mutter möchte nicht, dass es ihrem Kinde lebenslang besonders gut geht?

Sind es genau diese Kinder, die nach der Revolution aus den Heimen geflohen und nun heimatlos sind? Wem gehören nun diese Kinder? Ihre Mütter sind unbekannt. Wer sorgt sich um die Allerkleinsten unter ihnen, wenn das Heimpersonal sich selbst beurlaubt hat?

Ich werde jäh aus meinen Gedanken gerissen. Aus dem hohen, geöffneten Holztor eines Gehöftes rollt das Rad eines Schubkarrens – direkt auf unser Auto zu. Quiiiietsch! Quiiiietsch! Kornej tritt gewaltig auf die Bremse. »Das ist gerade nochmals gut gegangen!«, sagt er. Wir steigen aus. Aus dem Holztor schaut ein etwa Achtjähriger zu. Als wir ihn rufen, verschwindet er. Wir ihm hinterher. Ist er der »Beinahe-Unfall-Verursacher«? Da steht er – vor der Haustür. Da ich kein Wort Rumänisch spreche, frage ich mithilfe von Handzeichen, ob ihm das Schubkarrenrad gehört. Als er nickt, gebe ich es ihm zurück. Er lächelt ein wenig. Just als ich ihm die Hand segnend auf sein zerzaustes Haar lege, kommt eine Frau aus dem Stall. Sie stutzt: Zwei Ausländer auf ihrem Hof? Mit Händen und Füßen versuche ich, ihr zu erklären, was fast passiert wäre. Streng schaut sie den Jungen an. Mit einer energischen Handbewegung und lauter Stimme verweist sie ihn vom Hof. Ist das also nicht ihr Kind?

Vom Nachbarhof gesellt sich ein Bauer zu unserer Dreiergruppe: »Seid ihr aus Deutschland? Ich hab euer Auto kommen sehen. Eure

Bremsen sind sehr gut.« Er zuckt vielsagend mit den Achseln: »Deutsches Auto – eben gute Qualität!« Kornej schaut mich an: »Da waren die vier Engel dabei. Sie haben Schlimmeres verhütet!« Der Junge steht wieder am Holztor, neugierig, was ihm »blüht«. Er spielte doch nur, als ihm das Rad des Schubkarrens aus der Hand rutschte und just durchs Hoftor auf die Straße rollte.

Die Frau lädt den deutschsprachigen Nachbarn und uns beide zu einem Glas Milch ein. Hui, ist es kalt in der Küche, in der nur ein Tisch und eine kleine Sitzbank stehen. Der Nachbar erzählt voll Begeisterung von der Revolution – und von seiner Nachbarin. Sie war Erzieherin im örtlichen Kinderheim. Vor drei Jahren wurde sie entlassen, weil sie eine Christin ist und den »Ceauşescu-Kindern« von Jesus erzählt hat. Im kommunistischen System stand nun für sie kein Arbeitsplatz mehr zur Verfügung. Sie wurde mehr oder weniger als eine Staatsfeindin angesehen. Der Nachbar schaut irgendwie stolz seine Nachbarin an. Seitdem konnte sie sich mit zwei Kühen und einem großen Garten »über Wasser halten« … und weil es eine kleine

Untergrundgemeinde am Ort gibt, deren Gemeinschaft ihr großen Halt gegeben habe.

»Und der Junge …?«, will ich wissen.

Er sei ihr in den letzten Tagen zugelaufen wie eine herrenlose Katze. Er kenne sie aus der Heimzeit, als sie dort tätig war. Schon damals war er anhänglich. Vor fünf Tagen stand er morgens frierend und hungrig vor ihrer Tür, als sie in den Stall gehen wollte, um ihre Kühe zu füttern und zu melken. Sie habe ihn zunächst mit in den warmen Stall genommen und ihm eingebläut: »Sage keinem deiner Heimkameraden davon, dass du bei mir warst. Sonst bekommst du Schwierigkeiten mit der Polizei. Und ich auch.« Doch dann tat er ihr leid und sie nahm ihn mit ins Haus, um ihm ein Stück Brot mit dicker Butter zu schmieren, das er geradezu verschlang. Dann habe sie für den Jungen ihre Bettdecke geholt, und er konnte auf dieser Küchenbank erst einmal schlafen – solange er wolle.

Die Erzieherin hat beim Erzählen nicht bemerkt, wie die Küchentür sich immer weiter öffnete. Ich sehe den Achtjährigen mit verweintem Gesicht und winke ihn herein. Doch er hält sich lieber zurück. Ob ihn seine »Tante« – wie er sie nennt – nun endgültig verstoßen wird?

Kornej und ich berichten, weshalb wir nach Rumänien gekommen sind. Der Nachbar und die Erzieherin staunen über unsere Risikobereitschaft. Und noch mehr darüber, als wir erzählen, Jesus Christus nicht nur vom Namen her zu kennen, sondern ihn zu lieben.

Die Erzieherin bittet, dass wir mit ihr beten, damit ihr die Ängste genommen werden. Auch der gutherzige Nachbar betet laut um Bewahrung des Friedens im Lande – und in den Häusern aller Rumänen.

Dann geht alles sehr schnell. Wir fahren mit dem Audi in den Innenhof und laden aus: Medikamente, Waschpulver und Seifen, Nudeln und ein paar Süßigkeiten. Für den Jungen finden wir einige warme Kleidungsstücke und passende Schuhe. Auch der deutschsprachige Nachbar wird bedacht. Das Glück dieser beiden Dorfbewohner scheint grenzenlos, als Kornej ihnen ein Neues Testament in die Hände legt.

Wo aber ist der Junge geblieben?

Die »Tante« ruft: »Ruben! Ruben!« Scheu kommt er herzu und weiß nicht, ob er heulen oder lachen soll, als die Erzieherin ihn fest an sich drückt. Mir wird in diesem Moment klar, wie richtig sie handelt. Denn Kindern kann man die Liebe Gottes nicht erklären, ohne sie zu schenken! Die Ängstlichkeit weicht aus dem Gesicht des Jungen. Er weiß sich angenommen.

Wir vereinbaren: Wir kommen wieder. Bei der nächsten Tour nach Rumänien werden wir eine Matratze, Bettwäsche und Decken für Ruben bringen. Doch das wird noch etwa zwei Monate dauern. Aber … wir kommen wieder bei euch vorbei! Versprochen ist versprochen! Beim Verabschieden lege ich der »neuen Mutter« ein paar Geldscheine in die Hand und zeige auf den Jungen: »Dieses Geld ist für dein Patenkind!« Erst wehrt sie sich, es anzunehmen: »Ruben ist nicht mein Patenkind!« Nein? Ich stehe etwas ratlos vor ihr. Sie ergreift meine Hand: »Pastor, verstehen Sie es bitte richtig. Ruben ist nun mein Junge!«

Als der Audi sich in Bewegung setzt, winken die »Tante«, ihr achtjähriger Ruben und der Nachbar uns so lange nach, bis wir in der nächsten Kurve ihren Blicken entschwinden.

Kornej und ich befinden uns wieder auf den schrecklichen Straßen. Doch vor Einbruch der Dunkelheit erreichen wir die Stadt Brasov und treffen die Ärztin, die mich vor Tagen anrief, zu Hause an: Eine lebendige Christin. Wir reden über unsere Pläne und erzählen, was uns auf dem Wege hierher passierte. Es war das Rad eines Schubkarrens, das auf uns zugerollt kam! Es zeigte uns, dass sowohl »Ceauşescu-Kinder« als auch Waisenkinder nicht in Heime gehören, sondern in christliche Familien! Ich werde bald wieder nach Deutschland zurückfahren und meinen Missionsfreunden darüber berichten, wie Gottes Engel einen Autounfall verhüteten und uns zu einer neuen »Sicht« verhalfen.

Es ist immer etwas Besonderes, wenn die Mächte Gottes uns behüten. Jeder, der Gottes Handeln bejaht, erlebt auch seinen Segen – in Überfluss. Er erlebt ihn, um ihn weiterzugeben an andere, die ihn brauchen.

Solche einfachen Begebenheiten sind nicht selten der Fingerzeig des himmlischen Vaters. Wohl uns, wenn wir weiterhin auf sein Reden zu uns achten, dazu ein feines Gespür für seine Hinweise entwickeln! Was wir innerlich gehört haben – und danach in der brüderlichen Gemeinde auf Echtheit prüfen ließen –, das lässt sich dann gut und gern in Taten umsetzen.

Mit Ruben fing unsere Patenkinderarbeit in Rumänien an. Die Ärztin suchte christliche Familien im Land. Wir baten sie, »Ceauşescu-Kinder« von der Straße zu sammeln, sie zu untersuchen und in Familien zu vermitteln. Viele Familien nahmen ein oder auch zwei herrenlose Kinder in ihren oft sehr beengten Wohnungen auf. Der himmlische Vater zog nie seine Segenshände von diesen Familien zurück. Nie!

Inzwischen haben wir als Mission »Ost-West« dieses Konzept auch in der Ukraine, in Albanien und im Kosovo umgesetzt. Auch Kinder von einheimischen Familien, die in Not geraten waren, nahmen wir in unsere Patenkinderlisten auf.

Mit der konkreten Hilfe von deutschen und schweizerischen Missionsfreunden, die unsere Arbeit mit einer monatlichen Summe unterstützen, schafften wir Hunderten von Kindern Heimat, Geborgenheit und Schulbesuch. Sie werden aber nicht nur betreut, sondern aufgenommen und geliebt.

Diese Patenkinderarbeit leisten wir nun schon seit zwanzig Jahren. Inzwischen sind die sogenannten »Ceauşescu-Kinder« längst erwachsen und haben eigene Familien. Ihren Kindern und ihren Verwandten erzählen sie gerne davon, dass es deutsche Missionsfreunde waren, die sie von der Straße gerettet haben. So pflanzt sich Dank und Gottvertrauen vielfach weiter zur Ehre des himmlischen Vaters, der weiterhin segnen will und segnen wird.

Noch immer staunen auch wir: Wohin das lose Rad eines Schubkarrens rollen kann … wenn ein Kind damit spielt. Daraus kann ein Glaubenswerk werden. Glaube, der Neues wirkt: Für viele Kinder – für jedes einzelne Kind. Und jedes Kind zählt bei Gott – und nicht weniger bei uns!

Glaube, wenn er vom himmlischen Vater spricht, meint nicht nur die Vergangenheit: Gott hat gehandelt! – sondern auch die Gegenwart: Gott schafft. Jetzt! Auch durch mich und dich. Stehen wir zudem als Christen zusammen und sind in Christus eins, dann kann Großes, Bewegendes, Wunderbares werden. Unser Einssein bedeutet immer Sieg! Und – unser Glaube ist der Sieg, der die Welt überwunden hat! (1. Brief des Johannes 5,4) Unser Glaube kreuzt sich mit unserem Tun!

# Wie Wasser in Wüstensand einsickert

# 3

*Dieser Anblick ist wahrlich gewöhnungsbedürftig: Ärztinnen und Ärzte in der Kiewer Klinik tragen 30 Zentimeter hohe, weiße Mützen, wie Top-Köche der Spitzenrestaurants in Europa sie bei der Arbeit tragen.*

*Gewöhnungsbedürftig sind auch die überalterten Praxisräume und die Einrichtung der Krankenzimmer. Die Krankenzimmer sind zwar picobello sauber, aber die meisten gelb getönten Vorhänge haben sich aus ihren Rollhalterungen gelöst und hängen nun schief vor den Fenstern. Die Krankenbetten scheinen Liegestätten vieler Kranker gewesen zu sein, wahrscheinlich stammen sie noch aus der Nachkriegszeit. Die Laken und Kopfkissen sind teilweise geflickt, aber sauber. Ich vermisse Nachttischchen. Und die Stühle könnten durchaus mal frisch bezogen werden, denn der Stoff weist Löcher auf.*

*Unsere Mission hat schon viele Krankenhausbetten von deutschen Krankenhäusern und Diakoniestationen nach Kiew transportiert. Es waren keine neuen Betten, aber tipptopp in Ordnung und viel besser als die ukrainischen Bettgestelle. Auf dieser Station können noch welche gebraucht werden, das will ich mir merken.*

*Vor einem halben Jahr war ich schon einmal hier*

*– in eigener Sache. In Kiew hatte mich ein Schäferhund angegriffen und wiederholte Male kräftig in meine linke Gesichtshälfte gebissen. Mit vierzehn Bisswunden war ich eingeliefert worden. Zwei Ärzte nahmen sich meines Gesichtes an. Eine Betäubung konnten sie mir deshalb nicht geben, weil kein Narkosemittel zur Verfügung stand. Es gab kein Wundnähmaterial, um die aufgerissenen Hautstellen zunähen zu können. Sie betupften Wunde um Wunde mit Jod und fummelten danach die Hautfetzen säuberlich in die Wunden zurück – Kleinstarbeit mit Präzision!*

*»Sie werden für immer Narben im Gesicht behalten«, meinte der ältere Arzt, als er mich nach etwa zwei Stunden mit einigem Kopfschütteln und zusammengepressten Lippen entließ. Er hat recht behalten.*

Heute bin ich wieder auf der Station. Einer meiner Studenten hatte in der Nacht einen Magendurchbruch und wurde hier sofort operiert. In der großen Unterrichtspause bin ich hierhergefahren, um nach ihm zu sehen und zu fragen, ob ich für die Ärzte vielleicht Verbandsmaterial oder Medikamente besorgen kann, weil beides oft in Krankenhäusern fehlt. Manche Krankenzimmertür habe ich schon geöffnet, aber den Studenten noch nicht gefunden.

Am Ende des langen Krankenhausflurs höre ich, wie jemand schreit. Ja, er brüllt aus Leibeskräften. Ist das die Stimme unseres operierten Studenten? Zielstrebig nähere ich mich dem Krankenzimmer und beobachte, wie Patienten und Besucher ihre Schritte beim Vorbeigehen beschleunigen. Laufen sie vor dem Hilfeschrei davon? Wenn es ein Schreien nach »Leben« ist, wollen sie es überhören? Zimmer 128. Noch nie habe ich unseren Studenten schreien hören. Oder ist er es gar nicht, sondern ein für mich Fremder? Einen Moment zögere ich, ob ich die Türklinke drücken soll. Deutlich höre ich jetzt, was der Patient brüllt: »Aber ich will leben! Versteht das keiner?! Ich will leben!«

Langsam öffne ich die Tür. Ein weiterer Schrei dröhnt mir entgegen: »Ich will leben!« Vorsichtig lege ich meine Hand auf einen seiner hochgehobenen Arme. Seine Hände hat er zu

Fäusten geballt. Das ist nicht unser Student. Zeit zum Aufatmen bleibt mir nur kurz. Aus dick verquollenen, verweinten Augen schaut mich der Patient an – in seinem Schmerz gefangen.

Was mag dem jungen Mann fehlen? Wer mag er überhaupt sein? Sein Brüllen geht in Wimmern über.

»Sind Sie Arzt?«, fragt er mit heiserer Stimme. Ohne meine Antwort abzuwarten, schluchzt er: »Vor einer halben Stunde war er hier. Der Doktor. Er behauptete, es gäbe keine Chance mehr für mich. Ich solle tapfer sein. Tapfer – die letzten zehn Tage meines Lebens!«

Der Patient hat seine erhobenen Arme auf die Bettdecke fallen lassen. Seine Fäuste entkrampfen sich, sein schweres Atmen beruhigt sich hörbar. Sein Blick hängt an der Zimmerdecke.

»Verstehen Sie mich?« Ich nicke. Wir schauen uns an. Vorsichtig sage ich: »Du hast Durst.« Er nickt und ich reiche ihm das Wasserglas.

»Du willst leben.« Wieder nickt er. Seine Augen öffnen sich weit. Durch meinen Kopf jagt der Gedanke: Gleich brüllt er wieder los! Aber nein, er bleibt ruhig.

»Du hast Durst … nach Leben!« Er nickt. »Ich kenne jemanden, der darüber öfters gesprochen hat.«

Nun reißt der junge Patient seine Augen richtig auf und starrt mich fragend an: »Und wer ist das? Warum kommt er nicht? Sie kennen ihn persönlich ...?«

Jetzt nicke ich ... und bete still.

Es gibt Situationen in meinem Leben, wo ich im intensiven Gespräch mit Menschen keine Worte finde. Hinterher weiß ich bestens Bescheid, was die beste Antwort hätte sein können. In solchen Situationen bitte ich in einem Stoßgebet unseren Herrn Jesus Christus: »Herr, lege du mir die richtigen Worte in den Mund.« Doch es passiert gar nichts: Kein guter Gedanke kommt. Kein passendes Wort fällt mir ein. Aber mein Gegenüber braucht nicht mein Schweigen, sondern ein klärendes oder aufhelfendes Wort. Einmal war ich so in Sprachnot, dass ich meinem Herrn sagte: »Jetzt öffne ich schon mal meinen Mund. Aber löse du, Herr, meine Zunge, damit über meine Lippen das Wort kommt, das mein Gegenüber jetzt braucht.« Und was geschah? Ich habe ein paar Sätze formuliert, die mir zuvor noch nie in den Sinn gekommen sind. Worte als Volltreffer! So wirkt der inspirierende Heilige Geist. Es ist, als ob ich mir selber zuhöre, was ich jetzt sage:

»Wer so Durst nach Leben hat – wie du, dem hilft er!«

Es bleibt ruhig im Krankenzimmer. Der Patient liegt ruhig da. Auf dem langen Flur der Krankenstation höre ich, wie ein kleines Kind mit seiner Mutter spricht. Frauenstimmen – erst leise – dann lauter werdend – und wieder abebbend.

»Du kannst ihn nicht herholen, obwohl du ihn brauchst, denn du hast keine Kraft mehr … Du hast Schmerzen, die du fast nicht mehr aushalten kannst, und kannst ihn nicht herbestellen, damit er dir Linderung verschafft. Du brauchst eine totale Erfrischung, aber die Zeit läuft und läuft und scheint dir unter den Fingern zu zerrinnen. Du brauchst neue Kraft. Neuen Mut. Dauerhafte Erfrischung. Jesus, der Herr, weiß, was für dich jetzt am nötigsten ist.«

Meine Worte erreichen den Kranken. Er hat seinen Kopf aufs Kissen gedrückt – die Augen geschlossen.

»Es ist Liebe, die du brauchst. Und sie fließt voll zu dir hin. Du spürst sie jetzt. Kühler als Wasser. Es ist die Liebe Jesu, die dich jetzt erfüllt. Seine herzliche Liebe brauchst du jetzt und in den kommenden Tagen.«

Der Patient versucht, seinen Kopf ein wenig anzuheben. Er braucht Wasser und ich reiche es ihm. Danach lässt er seinen Kopf wieder auf das Kissen fallen und flüstert – fast unverständlich: »Ich bin Issam aus Tunesien. Ich bin Muslim.«

Ich hebe mit einer Hand seinen Kopf, mit der anderen Hand ziehe ich sein Kissen zurecht: »Was du bist, ist mir egal. Wenn du Durst hast, dann brauchst du Wasser. Jesus sagt: ›Wen da dürstet, der komme zu mir und trinke.‹«

Er schließt die Augen und nickt.

»Ich werde dich begleiten – auf deinem schweren Weg – wenn du magst.«

Tränen kullern über seine eingefallenen Wangen. »Ja, begleite mich! Du hast die rechten Worte gesagt. Aber …« Er atmet tief ein: »… ich kenne Jesus nicht. Deshalb habe ich eine halbe Stunde lang so geschrien, weil ich mich nach Liebe sehne. Und keiner ist da, der sie mir geben kann. Keiner streicht mir über den Kopf.

Hier sagte mir niemand ein gutes Wort. Meine Eltern leben in Tunesien. Sie haben mich zum Studieren in die Ukraine geschickt. Jetzt muss ich hier sterben. Ohne sie. Ohne meine Brüder, die daheim in Nordafrika sind und nicht ahnen, was mit mir passiert ist – was ich jetzt auf der letzten Lebensstrecke erlebe.«

Jeden Tag beten die Studenten des Theologischen Institutes in Irpin für den schwerkranken Issam und für unseren Studenten, dem es bald besser geht. Er kann nach einigen Tagen schon das Bett verlassen und besucht Issam. Still, ohne viele Worte zu machen, bei dem Sterbenden zu sein: Das ist Trost!

So habe ich es im Unterricht den Studenten erklärt: »Kranke brauchen kein Vertrösten. Wenn man sagt: ›Es wird schon wieder mit dir‹ – das ist Vertrösten. ›Lass den Kopf nicht hängen: Wir haben doch gute Ärzte, die helfen dir‹ – das ist nichts anderes als nutzloses Vertrösten. Trost aber ist: dem Kranken und Sterbenden nahe zu sein. So macht es der Herr Jesus. Er vertröstet die Kranken nicht – er ist bei ihnen. So tröstet der Heiland der Welt. Tut es ihm gleich.«

Jeden Tag flitze ich nach dem Unterricht ins Krankenhaus, um nach dem Studenten zu schauen und bei Issam zu sein, um ihm das »Wasser« für seinen Lebensdurst zu reichen. Das Lebenswasser, das in jedem Bibelwort steckt – Wasser in Fülle. Issam saugt die Worte Jesu, die ich ihm zuspreche, förmlich auf. Er versteht jedes dieser Worte und nickt mit dem Kopf, wenn er sie aufgenommen hat.

An diesem Tag flüstert er mir mit schwacher Stimme ins Ohr:

»Jesus ist bei mir – er ist da.«

»Jesus tröstet mich.«

»Ich werde nicht wieder nach Tunesien zurückkehren – aber ich komme nach Hause – dahin, wo Jesus thront.«

»Jesu Liebe senkt sich in mich – wie das Wasser einsickert in den dürren Wüstensand meiner tunesischen Heimat.«

»Ich danke Ihnen, Pastor Rötting, für jeden Tropfen Wasser, den Sie mir in dieser Woche gereicht haben.«

»Bringen Sie bitte dieses lebendige Wasser meinen Eltern … und meinen Geschwistern … mit einem Gruß von mir nach Tunesien. Bitte!«

Ich drücke Issams Hand.

Eine Woche später: Als ich nach dem Unterricht Issam besuche, ist er frühmorgens gestorben. Allein – und doch nicht allein. Auf seinem ausgemergelten Gesicht liegt ein neuer Glanz, den ich so bei ihm noch nicht gesehen habe. Ich weiß: »Du bist im Frieden nach Hause gekommen, zu deinem himmlischen Vater. Und zu deinem Herrn Jesus, den du nur kurz kennengelernt – und doch noch sehr geliebt hast. Glückselig bist du – voll Leben.«

# Herr Oberst, es fehlt Ihnen ein Stern!

# 4

Am Rande Europas gibt es ein Armenhaus. Mehr als zwei Millionen albanischsprachige Menschen leben in einer herrlichen Landschaft mit Hügelketten und alpinen Bergen: im Kosovo. Doch die Leute sind durch türkische Balkan-Eroberungen im Mittelalter ihrer Identität beraubt worden. Mit dem türkischen Militär zog damals auch die türkische Verwaltung in den Kosovo ein – und damit fing die systematische Islamisierung der vorwiegend christlichen Bevölkerung an. Den Christen wurde kurzerhand ihre landwirtschaftliche Existenz entzogen, so sie sich nicht dem Islam mit seinen Gebräuchen und Festen beugten. Es folgten vier Jahrhunderte islamisches Diktat mit der Folge, dass das gesamte Volk verarmte. Ein Teil der Bevölkerung wanderte aus.

Der Großteil der Bevölkerung lebt heute in bitterer Armut.

Mission »Ost-West« erhielt vor rund zwanzig Jahren den Ruf, der Kosovo-Bevölkerung beizustehen. Wir sagten unsere Hilfe zu. Kann jedoch materielle Hilfe das alleinige Gebot der Stunde sein? Muss nicht gleichzeitig auch ein Impuls zur inneren Änderung angeboten werden?

Wir fuhren gespendete Lebensmittel und Medikamente, gebrauchte Kleider und Schuhe ins Land.

*Als »Hilfe zur Selbsthilfe« schenkten wir den Bauern Ackergeräte und Saatgut. Den armen Familien brachten wir Haushaltsgeräte, einschließlich Nähmaschinen.*

*Aber wir druckten auch das Evangelium in albanischer Sprache, um auf die Person Jesu aufmerksam zu machen, der uns veränderte – auch um Gutes zu tun. Gottes Liebe kann man bekanntlich nicht erklären, ohne sie zu schenken.*

*Die Dorfbewohner begrüßten uns aufs Herzlichste. Mehr noch, sie wollten hören, wie die Liebe Jesu auch ihre Herzen verändern kann – zum Guten hin.*

Unvergessen ist für mich der Nachmittag, an dem ich in dem kleinen Haus eines Dorflehrers von der Liebe des Gottessohnes Jesus Christus erzähle. In die Küche passt niemand mehr hinein. Sogar im Flur stehen Leute. An der Tür steht ein fünfzehnjähriger Schüler, der an diesem Tag zum lebendigen Glauben an den Herrn Jesus Christus kommt. Heute ist er Pastor in unserer Missionsgemeinde in Istog.

Immer wenn Menschen zum Glauben kommen, ist es in unseren Augen ein Lichtblick der Hoffnung für das kleine Volk am Rande Europas. Doch die Behörden beobachten uns misstrauisch. Da wir nun wirklich nichts zu verbergen haben, veranstalten wir mit den Behörden von Zeit zu Zeit Gespräche, damit sie über unser Tun informiert sind.

In einer Gesprächsrunde sitzt der ranghöchste Polizeichef des Kosovo mir gegenüber. An seiner Uniform steckt so mancher Orden. Seine Schulterstücke, auf denen einige dicke Sterne prangen, kommen mir mächtig groß vor – wie Frühstücksbrettchen. Sollen diese Sterne bei seinen Landsleuten Eindruck schinden? Bei mir bewirken sie nichts anderes als ein Schmunzeln: Wie kommt sich so ein wichtiger Mensch mit so dicken Sternen überhaupt vor?

Nach der Besprechung verabschieden sich die zwanzig Anwesenden. Ich gehe auf den Polizeiboss zu, schaue mir wortlos die dicken Sterne auf seinen Schulterstücken an – links und rechts. Erst dann blicke ich in seine strengen Augen.

»Da fehlt noch ein Stern«, sage ich im heiteren Ton. Verunsichert schauen die Leibwächter und der Polizeichef die Schulterstücke auf der Uniformjacke an: »Da fehlt ein Stern?«

»Ja«, antworte ich lächelnd und reiche ihm zum Abschied die Hand. »Ja, es fehlt Ihnen der Stern von Bethlehem!«

Nochmals schaut der sternbestückte Polizeiboss seine Schulterstücke an und murmelt: »Stern von Bethlehem …?«

Als ich schon an der Tür bin, höre ich eilige Schritte hinter mir: »Moment! Moment!« Der Polizeichef hat mich eingeholt. Er muss unter seiner Schirmmütze schwitzen, denn ich sehe Schweißtropfen an seiner Stirn.

»Entschuldigen Sie, bitte! Aber ich habe noch nie vom Bethlehem-Stern gehört. Was meinen Sie damit?« Nochmals drücke ich ihm die Hand – und weiß: Wir werden uns wiedersehen, denn ich muss ihm von Jesus erzählen.

Der diensthöchste Polizist im Kosovo sitzt kurze Zeit später in der Runde unserer albanischen Studenten. Wie ihr Polizeichef haben sie alle einen muslimischen Hintergrund.

Jetzt sind zwölf Jahre vergangen. Der Polizeichef von damals ist Christ geworden. Aus dem Staatsdienst ist er schon längst entlassen worden. Er begann eine biblisch-theologische Ausbildung an unserem Bibelseminar und erhielt die theologische Doktorwürde. Heute leitet er als Pastor eine unserer christlichen Gemeinden im Kosovo.

Was einst in Bethlehem geschah, das ist tief in seinem Denken und in seiner Seele verwurzelt: Die Geburt des Sohnes Gottes. Wie die Hirten und die drei Könige damals, so kniete der Polizeichef des Kosovo vor Jesus nieder und erlebte eine völlige Umkehr vom bisherigen Lebensstil. Als hoher Polizeiboss suchte er stets seine Ehre – jetzt ehrt er Jesus. Früher musste er haben – jetzt teilt er mit anderen. Früher hatte er als höchster Polizeichef im Kosovo zwölf Leibwächter – jetzt dient er treu seinem Herrn Jesus ohne Leibwächter. Er sagte mir:

»Heute habe ich einen Leibwächter, der mich besser bewacht, als es früher die zwölf vermochten. Es ist der gegenwärtige Herr Jesus. Bei ihm weiß ich mich völlig geborgen. Er hat es allen Christen ausdrücklich zugesagt: ›Ich bin bei euch – alle Tage!‹ Und dass er da ist, das spürst du. Wenn nach trüben und dunklen Zeiten dir plötzlich der Stern von Bethlehem vor Augen leuchtet, dann wisse: Er zeigt dir den Lebensweg. Und dieses Licht ist gewaltig und groß, es reicht für dich und für alle unsere Landsleute aus – und darüber hinaus für alle Völker dieser Erde.«

Seine Schicksalswende erlebte der Polizeichef beim Niederknien vor dem Gottessohn Jesus in der Bethlehem-Krippe. Da fiel die göttliche Liebe in sein Leben. Das geschah wirklich: Die »Bethlehemfreude« ist aus seinem Leben nicht mehr wegzudenken. Seinen Studenten im Bibelseminar, wo er nun schon seit Jahren unterrichtet, sagt er:

»Die Bethlehemfreude ist ansteckende Freude. Das habe ich erlebt. Bist du auch nur einmal im Leben vor Jesus niedergekniet, dann kannst du die ansteckende Bethlehemfreude auch anderen vermitteln. Aber willst du? Dann mach das nicht irgendwann, sondern jetzt. Nutze die Bethlehemfreude, die in dir wohnt, um anderen eine bleibende Freude zu vermitteln. Lasst uns einander Freudenbringer sein.

Außerdem wird übergroße Freude im Himmel bei den Engeln sein, wenn du dich dem unvergänglichen Licht – Jesus Christus – zuwendest und sein Licht in dein Leben aufnimmst. Wenn du das tust, dann wirst du befähigt, deinen Freunden und Feinden die Bethlehemfreude zu vermitteln.«

Ja, Feinde hat er. Er hat Morddrohungen erhalten. Ein bezahlter Killer stand dann eines Tages vor seiner Haustür: »He, ich hätte dich umbringen sollen. Ich hätte dazu Gelegenheit gehabt. Aber ich kann es einfach nicht. Die heilige Kraft, die in dir wohnt, ist stärker als meine Absicht, dich umzubringen.«

# Ich habe umsonst gelebt

# 5

*Wer in Russland in den Knast kommt, hat nichts zu lachen! Unter den Gefangenen geht es rau zu, weil es ein ungeschriebenes Gesetz gibt: das Gesetz der harten Fäuste. Wer am härtesten zuschlägt, der setzt sich bei allen Gefangenen durch, er ist der Boss. Er übt im Knast die interne Gewalt aus. Gefangene, die sich ihm und seinen Handlangern nicht fügen, werden mit Fäusten so lange drangsaliert, bis sie sich unterordnen.*

*Knast – ein schrecklicher Ort, wo die Insassen bei oft harter Arbeit nicht ausreichend ernährt werden. Ungeziefer plagt die kahl geschorenen Gefangenen. Die Zellen sind überbelegt: Zehn bis zwanzig Insassen teilen sich wenige Quadratmeter Lebensraum, in dem nur Doppelstockbetten stehen. Die sanitären Verhältnisse sind unbeschreiblich primitiv. Enge erzeugt Spannungen, die sich manchmal auf brutalste Weise entladen. Tageszeitungen fehlen. Die Gefangenen wissen eigentlich nicht, was in der Welt los ist. Lesestoff zur Unterhaltung oder gar zur Weiterbildung steht nicht zur Verfügung.*

*Knast ist grausam!*

Die kleine Moskauer Studentengruppe hat es sich zur Aufgabe gemacht, jeden Monat ins Männergefängnis zu fahren, um für die Gefangenen zwei abwechslungsreiche Stunden zu gestalten – mit Singen, Musizieren, mit Zeugnissen aus ihrem Leben und mit Kurzpredigten.

Heute haben die zwölf jungen Christen mich eingeladen. Warum sie ausgerechnet einen Ausländer eingeladen haben, der die Kurzpredigt halten soll, ist mir unbegreiflich. Denn Einlass in diese berüchtigte Strafvollzuganstalt zu bekommen, ist für Einheimische schon fast unmöglich. Wie hat die Studentengruppe es geschafft, für mich, den Ausländer, Einlass in dieses Hochsicherheitsgefängnis zu bekommen? Keiner der Studenten hat es mir verraten. Ich vermute, dass sie es durch Beziehungen geschafft haben.

In der Gemeinde hörte ich munkeln: Die Zwölfergruppe hat eine gute Verbindung zum Gefängnisdirektor aufgebaut. Umgekehrt ist zu vernehmen, dass der witzige Gefängnisdirektor mit Christen sympathisiert, weil seine Frau zu einer Baptistengemeinde in Moskau gehört. Aber eine wesentliche Rolle spielt auch, dass diese Studentengruppe bei den Gefangenen gut ankommt. Bei der Verkündigung des Wortes Gottes faseln die jungen Männer nicht fromm, sondern formulieren ihre Aussagen sachlich und ohne Umschweife, klipp und klar. Außerdem begeistern sie mit ihren frischen, rhythmischen Liedern die Gefangenen. Diese Lieder bleiben im Gedächtnis der Häftlinge haften. An ihren Arbeitsplätzen sind diese Lieder öfters zu hören. Von der Wortverkündigung geht ein guter Einfluss aus: Die Schlägereien werden seltener, das Klauen im Gefängnis nimmt ab.

»Die Situation hat sich deutlich verbessert, seit die Studenten ins Männergefängnis kommen«, teilte der Gefängnisdirektor seinen Vorgesetzten im Justizministerium mit. Daraufhin bekommen die zwölf Studenten eine dauerhafte Einlassgenehmigung, was eine besondere Ausnahmeregelung bedeutet. Allerdings hat das Justizministerium den Vermerk hinzugefügt: »Diese Regelung bleibt in Kraft, solange keine beunruhigenden Störungen während dieser studentischen Veranstaltungen eintreten.«

Ich bin also angehalten, dafür zu sorgen, dass keine »beunruhigenden Störungen« auftreten, während ich predige. Als die Studenten mir diese staatliche Anweisung mitteilen, schmunzele ich ein wenig. Was passiert, wenn Gottes Wort bei einem Gefangenen wie ein Blitz »einschlägt«? Das soll es ja geben. In der Apostelgeschichte, Kapitel 9, wird sogar ein Reiter vom Pferde gerissen, als die Worte Jesu ihn treffen. Wenn es dem lebendigen Gott gefällt, heute auch nur einen Gefangenen zur Buße und Umkehr zu bewegen, was mache ich dann? Wenn unter den Häftlingen auch nur einer eine solche Schicksalswende erlebt wie damals Saulus vor Damaskus, was dann? Fällt solch ein Ereignis unter »beunruhigende Störungen«, die der Herr Justizminister nicht erlaubt? Ist es nicht die eigentliche Absicht der heutigen Veranstaltung in diesem Gefängnis, aus einem verbohrten Menschen, der mörderische Pläne hegt, einen Apostel zu schmieden?

Als die zwölf Studenten mit mir vor dem hohen Eisentor der Vollzugsanstalt stehen, bilden wir einen Kreis. Wir beten um Vollmacht. Um Segnung. Um Beistand. Nicht zuletzt um die göttliche Liebe, die die stärksten Widerstände zunichtemachen kann. Ja, Gott kann! Nach dem »Amen« reichen wir einander die Hände. Ja, der gegenwärtige Herr Jesus wohnt nicht nur in uns, er hat uns zu diesem Dienst eins in seiner Liebe gemacht.

Dima, der die Studentengruppe leitet, betätigt die Klingel am Gefängnistor. Der Vollzugsbeamte kennt die Gruppe und winkt uns schnell auf das Gelände. Das Tor rollt mit metallenem Gedröhne wieder ins Schloss. In mir werden Erinnerungen wach. Als ich vierzehn Jahre alt war, kam ich in den Niederlanden ins Gefängnis. Als politischer Gefangener. Eine für mich furchtbare Zeit. Das Geräusch des sich schließenden Eisentores lässt unerwartet, urplötzlich, die Jugenderinnerungen schmerzlich hochsteigen. Das Gefängnis in den Niederlanden war allerdings wesentlich kleiner als das, worin ich mich jetzt befinde.

Auf beiden Seiten der Gefängnisstraße stehen neun niedrige, barackenähnliche Gebäude, um die bewaffnetes Wachpersonal patrouilliert. Zwei Lastwagen versperren mir die Sicht, aber vermutlich befinden sich an der langen Gefängnisstraße noch weitere Gefängnisbaracken.

Dima flüstert mir, während wir zum Hauptgebäude gehen, zu: »In diesem weiten Gebäudekomplex leben knapp 500 Gefangene: Im Hauptgebäude sind etwa 320 Gefangene untergebracht, die anderen – weit weniger gefährlichen Häftlinge – wohnen in den Baracken. Alle sind eingeladen. Aber nur knapp die Hälfte von ihnen kann zu unserer Veranstaltung kommen. Der Saal ist nicht groß genug. Die meisten Gefangenen kommen gern. Das ist ein besonderes Erlebnis, wenn wir einmal im Monat kommen. Eben – eine gute Abwechslung in ihrem jahrelangen Leben als Häftlinge.«

Fünfhundert Schicksale – schießt es mir durch den Kopf. Wird sich nachher ein Schicksal durch Gottes Wort und Liebe wenden lassen? Ich will's glauben!

An der Hauptwache werden wir von dem diensthabenden Oberst zwar mit Handschlag begrüßt, doch dann fällt schnell die schwere Eisentür ins Schloss. Jeder muss sich einer ziemlich scharfen Personenkontrolle unterziehen. Eben – vorsichtshalber gefilzt! Ich besonders als

Ausländer. Sogar mein kleines Taschenmesser wandert zur Aufbewahrung ins Schließfach. Dann führen zwei Wärter unsere Gruppe durch lange Flure, Sicherheitstore werden aufgesperrt. Die beiden Wärter schließen die Tore hinter uns mit großer Sorgfalt zu und rasseln dabei kräftig mit ihren dicken Schlüsselbunden. Das versetzt mich gedanklich zurück in die Zeit im niederländischen Gefängnis. Ich schaudere bei jedem Aufschließen der stählernen Sicherheitstore. Endlich befinden wir uns in einem kleineren Raum.

»Wir holen euch von hier ab, wenn die Häftlinge ihre Sitzplätze eingenommen haben«, meint der jüngere Beamte. Vorsichtshalber schließt er die Tür zu. Jetzt sind auch wir Gefangene. Und wenn die Wärter uns vergessen? Was dann? Gefangen sein! Eingeschlossen – ohne auch nur die geringste Aussicht zu haben, sich selber auf den Weg nach draußen machen zu können, um in die Freiheit zu gelangen.

Die Gitarren werden gestimmt. Die Gruppe singt sich ein. Dann kniet die Studentenschar nieder, um dem himmlischen Vater für diese großartige Gelegenheit zu danken. Alle beten, doch ein Gebet vergesse ich nie wieder: »Herr Jesus, du gegenwärtiger und auferstandener Herr, hab im Voraus Dank dafür, dass du jeden von uns bevollmächtigst zum Musizieren, Singen und Verkündigen. Du segnest Pastor Rötting, aber auch uns!«

Als wir uns nach dem gemeinsamen »Amen« erheben, rasseln vor unserer Tür wieder die vielen Schlüssel. Wir werden abgeholt.

Der ältere Wärter hebt die Hand, um auf sich aufmerksam zu machen: »Behaltet im Hinterkopf, hier sind nur Schwerverbrecher! Seid darum vorsichtig! Ihr steht wie immer im Halbkreis vor den Häftlingen. Hinter euch ist eine Sicherheitstür, vor der ein Beamter steht. Wenn irgendetwas Unerwartetes passieren sollte, wird er euch blitzschnell durchlassen. Dann seid ihr in Sicherheit! Denkt daran!«

Wir müssen durch mehrere Sicherheitstüren. Dann stehen wir vor Hunderten von Gefangenen. Der Saal ist voll. An den Wänden stehen Wärter. Jeder hält eine Schusswaffe in der Hand. Was für eine Atmosphäre! Nun sollen wir – so schwer bewacht – die »Gute Nachricht« verkündigen?

Dima begrüßt die Gefangenen und stellt uns vor. Brausender Applaus. Bravorufe! Die Gefängniswärter aber zischen, was so viel bedeutet wie: »Haltet den Mund!« Doch die Gefangenen lassen sich den Mund nicht verbieten. Eine Spannung macht sich im großen Saal breit.

Die bewaffneten Wärter gehen an den Seitengängen auf und ab, ständig mit den Augen nach Unruhestiftern suchend.

Wir singen. Wir musizieren. Jedes Mal ernten wir Beifall. Schon nach einer Viertelstunde entspannt sich die Atmosphäre spürbar. Dima versucht, mit den Häftlingen einen einfachen Liedtext zeilenweise einzustudieren. Ich wundere mich, wie die große Schar der blau gekleideten Gefangenen singt! Zwar stören manche den Gesang mit ihren Brummtönen. Aber bald braust in der großen Halle ein Loblied nach dem anderen. Die Studenten berichten dazwischen zeugnishaft, wie sie zu Gott gefunden haben. Einer von ihnen bekennt am Ende seiner Geschichte: »Nicht ich habe Gott gesucht, sondern Gott hat mich aufgespürt. Ich habe mich von ihm finden lassen.«

Der Studentenchor singt vierstimmig:

*»Gottes Liebe ist da.*
*Sie scheint wie die Sonne*
*für jeden von uns.*
*Nur eines ist anders*
*als bei den Sonnenstrahlen:*
*Gottes Liebe ist noch stärker.*
*Ergreife davon – so viel du brauchst.*
*Gottes Liebe ist reichlich da!«*

Lang anhaltender Applaus setzt ein. Währenddessen schauen wir uns gegenseitig an. Wir verstehen uns ohne Worte, denn in der Christusliebe sind wir eins. Danach ist es eine Weile absolut still in der Halle. Niemand sagt ein Wort. Keiner hustet. Kein Zwischenruf der Wächter. Wir ahnen: Du, Herr Jesus, bist jetzt da. Du bist am Werk und gehst liebend von einem Gefangenen zum anderen. Du segnest. Unsichtbar, aber … du bist spürbar nahe.

Es folgt meine Predigt. »Das Leben ist erschienen! Und du bist nicht dabei. Du kannst hier nicht aus dem Bau, aus diesem Gefängnis. Geht deshalb das Leben an dir vorbei? Nein! Ist in deinem Leben so viel Schreckliches passiert, dass es dich jetzt vom Leben ausklammert?

Nein! Bist du hinter diesen Gefängnismauern verzweifelt? Resignierst du? Sei gewiss, da ist jemand gekommen. Aus einer anderen Welt. Hat er Hilfe im Gepäck? Er hat nicht nur Hilfe für mich. Sondern auch für dich. Er ist die Hilfe. Dein und mein Helfer.«

Mein Blick geht zu den meist jungen Gesichtern, und ich sehe, sie sehnen sich nach Hilfe. Dann erzähle ich von unserem Heiland. Wie er uns erreicht.

»Wir haben im Leben die Chance, uns von ihm finden zu lassen. Er hat nicht nur ein bisschen Liebe für jeden von uns: Er ist Liebe! Weil er Gottes Sohn ist! Kennst du die Sehnsucht, verstanden zu werden und geliebt zu sein? Der, der jetzt vor dir steht, hat das alles im Gepäck: Du wirst begnadigt – durch Jesus. Nicht nur deine Vergangenheit markiert dein Leben! Dass Jesus dir jetzt die Hand reicht und dir einseitig die Vergebung zuspricht, das markiert deine Zukunft! Glaube ihm! Er hat die Macht, alle Schuld, die hier in der Halle sich ballt, im Nu umzudrehen in Frieden! Über diese Macht verfügt er. Weil er Gottes Sohn ist. Und …« Hier mache ich bewusst eine kurze Sprechpause. »…

weil er dich liebt! Uns alle hier. Streck dich ihm entgegen! Nimm von dieser Liebe – so viel du jetzt willst. Das ist Leben! Der Anfang deines ewigen Lebens!«

Noch habe ich nicht »Amen« gesagt, steht mitten im Saal ein Gefangener auf. Sofort ist ein Wächter zur Stelle und drückt ihn auf seinen Platz nieder. Ich beobachte das Gesicht des Gefangenen und sehe, dass er unserer Gruppe etwas Bestimmtes sagen will. Aber er wird daran gehindert. Für kurze Augenblicke kommt Unruhe unter den Häftlingen auf. Dann wird es wieder still. Ganz still. Die Gefangenen lauschen. Und ich greife den letzten Gedanken der Predigt nochmals auf: »Nimm, so viel du von der Liebe Jesu brauchst. Es ist genug davon vorhanden für die gesamte Welt – und für dein ganzes Leben. Er hat seine Liebe zu uns bereits unter Beweis gestellt – am Kreuz auf Golgatha. Da hat er sich aus Liebe zu uns Menschen geopfert. Die Schuld ist beglichen – zwischen Gott und uns. Amen.«

Da steht der Gefangene von vorhin wieder auf. Jetzt lässt er sich nicht noch einmal vom Wärter schweigend auf die Bank niederdrücken.

Das Wachpersonal hat alle Mühe, ihn zu bändigen. Er ruft laut: »Hört zu! Ich habe umsonst gelebt! Umsonst! Umsonst!«

Das Wachpersonal reißt ihn von der Bank und führt ihn ab. Solange er noch in der Halle ist, schreit er ohne aufzuhören: »Umsonst! Umsonst gelebt!«

So laut ich kann, rufe ich ihm nach: »Ich komme nachher zu Ihnen!«

Der Chor singt das Abschlusslied. Ich bete kurz.

Einige Gefangene bitten um ein Gespräch, das ihnen vom Wachpersonal gewährt wird. Andere Gefangene knien nieder und bitten, mit ihnen zu beten. Während sich die jungen Studenten um die Gefangenen kümmern, bin ich auf dem Weg zu jenem Gefangenen, der für kurze Augenblicke die Veranstaltung störte. Aber war es tatsächlich eine Störung? Oder war es ein verzweifelter Schrei nach Leben?

In der Zelle, wo er mit 21 Mitgefangenen haust, setzen wir uns in die Ecke auf den Zementfußboden. Er hat verweinte Augen: »Ich war Arzt. Mein Lebensziel war, Menschen zu helfen. Dann fing ich aber mit Abtreibungen an. Das ging so lange gut, bis eine Frau nach der Abtreibung starb. Ich wurde verhaftet und zu lebenslanger Haft verurteilt. Nun sitze ich hier im Gefängnis. Alles habe ich verloren. Alles! Meine Familie. Die Freiheit. Meinen Beruf. Ich habe umsonst studiert.«

Dann schweigt er lange. Plötzlich springt er auf, fasst sich mit beiden Händen an den Kopf und schreit: »Versteh mich doch! Ich habe umsonst gelebt! Umsonst!«

Er packt mich an den Schultern und schüttelt mich. Ich wehre mich nicht, sondern umarme ihn. Seine Stimme erstickt in Tränen: »Ich brauche Hilfe! Einen Retter. Stimmt es, dass Jesus mich liebt? Sagen Sie es mir noch einmal: Jesus vergibt! Vergibt er alle meine Sünde? Meine gesamte Schuld? Liebt er mich, so wie ich jetzt vor Ihnen stehe? Mich, diesen Stümper?«

Durch alle seine Fragen rufe ich es ihm entgegen: »Ja! Ja!«

»Aber ich bin ein vielfacher Mörder! Eine Frau starb nach der Abtreibung. Fünfzig ungeborenen Kindlein habe ich nach dem Leben getrachtet. Sie getötet! Oder waren es zehn mehr? O Mann, verstehe doch!«

Wir stehen noch immer voreinander. Ich sehe in seinen Augen die blanke Verzweiflung, lege ihm nun meine Hände auf die Schultern und spüre, wie ein mächtiges Zittern durch seinen Körper zieht.

»Tut es dir leid, was du da angerichtet hast?« Er nickt. »Willst du Vergebung?« Wieder nickt er, jedoch schwächer als vorhin. »Ja«, haucht er leise durch sein Schluchzen hindurch. »Sage es bitte Jesus, dass ich seine Vergebung brauche. Bitte!«

»Nein, das tue ich nicht!«

»Und warum nicht?«

»Sage es ihm selber. Rede mit ihm, der dich kennt, der dich hört – jedes Wort. Komm, wir knien miteinander hier in dieser Ecke. Wir tun es miteinander, weil ich kein Deut besser bin als du. Kein Deut. Aber Jesus vergibt nicht nur: Er füllt uns mit unaussprechlicher Liebe aus. Komm, wir tun es! Willst du mit mir niederknien?«

Der intellektuelle junge Mann kniet mit mir nieder. Vor Gott sind wir alle Sünder und mangeln des Ruhmes, den wir vor ihm haben sollen.

Der ehemalige Arzt legt unerwartet seine beiden Hände in meine gefalteten Hände. Ich lasse ihn gewähren. Als sein Schluchzen leiser wird, betet er:

»Gott, hier spricht Roman Bischtschenko.« Ein tiefer Seufzer unterbricht sein Gebet und eine Weile vernehme ich nur sein tiefes Atmen.

»Gott, ich habe heute gehört: Du liebst mich. Trotz allem, was war. Denn ich bin ein Mörder. Ich weiß nichts anderes zu sagen, als dass ich deine Hilfe jetzt annehmen will. Und – das hörte ich heute auch – du hörst mich. Ja, und dass du mein verpfuschtes Leben nimmst. Das hörte ich auch. Bitte, vergib mir rundum!«

Ich stehe auf und lege dem Arzt die Hände auf den Kopf. »Was du, Roman Bischtschenko, vor Gott bekannt hast, vergebe ich dir in Jesu Namen! Alle Schuld, alle deine Sünden, die du vor Gott bekannt hast, hat er dir vergeben. Du bist rein um des Opfertodes Jesu, seines Sohnes, willen. Er sieht dich, Roman, fortan so an, wie er seinen geliebten Sohn Jesus anschaut. Amen.«

Als die anderen Mitgefangenen in die Zelle geführt werden, kniet Roman immer noch. Er hat seinen Kopf auf den Fußboden gesenkt. Ich weiß nicht, was er mit dem himmlischen Vater noch alles besprochen hat, aber das weiß ich: Roman Bischtschenko wurde an diesem Novembersonntag ein neuer Mensch, weil ihm von Gott ein völlig anderes Leben geschenkt wurde – voll der Liebe zu Jesus Christus und seinen Mitgefangenen.

Im Besucherzimmer wartet die Studentengruppe auf mich. Unter dem Rasseln der Schlüssel werden wir zur Gefängnispforte geleitet, wo wir mit Handschlag vom wachhabenden Oberst verabschiedet werden: »Männer, kommt wieder! Ihr habt etwas in euch, was wir hier dringend brauchen!«

Nun, nach knapp drei Stunden, stehen die Studenten und ich wieder im Kreis vor dem hohen Eisentor des Gefängnisses in Moskau.

Wir danken dem himmlischen Vater für die Erhörung unserer Gebete. Denn ein sündiger »Saulus« ist durch die Kraftwirkung des Heiligen Geistes zu einem »Paulus« geworden; ein schuldiger Arzt findet zum Frieden mit Gott.

Mit Roman haben wir engen Kontakt. Seine Freude über das neu gewonnene Leben ist beachtlich. Er liest das Neue Testament – insbesondere das Evangelium nach Lukas, das sein »Arztkollege« Lukas schrieb.

Die beiden Gefängnisärzte haben einen treuen Gehilfen in Roman gefunden.

Die Mitgefangenen erleben ihn als ihren »Bruder«. Etliche hat Roman zum lebendigen Glauben an den Herrn Jesus führen können.

Roman hat sich von Gott finden lassen, liebt ihn von Herzen und dient ihm mit Freuden. Eine vorzeitige Entlassung aus dem Knast ist im Gespräch: also noch eine Begnadigung! Wieder ein neuer Anfang zum Dienen!

## Zum Autor

Die **Studenten** in Albanien, im Kosovo und sonst wo sagen »Professor« zu mir.

*Einverstanden.*

In den **ukrainischen Gemeinden** sprechen die Gläubigen mich als »Pastor« an.

*Nun – der bin ich ja auch.*

**In rumänischen und deutschen Brüder- und Gemeinschaftskreisen** bin ich schlicht und einfach ihr »Bruder Gerhard«.

*Das passt zu mir.*

**Meine Eltern** nannten mich »onze Geerart«, unser Gerhard. Diese niederländisch-sprachige Liebkosung klingt immer noch in meinen Ohren.

*Unvergesslich!*

Für den **himmlischen Vater** bin ich der nach Hause gekommene »verlorene Sohn«. Er sagt es so: »Dieser mein **Sohn** war tot und ist wieder lebendig geworden; er war verloren und ist wiedergefunden worden!«

Gut, nicht wahr?

*Das höre ich am liebsten und freue mich täglich darüber.*

Von Gerhard Jan Rötting sind bei mediaKern erschienen:

## **Erzählbände** (jeweils 112 Seiten)

**Als Schmuggler Gottes unterwegs**
Bestell-Nr. 512 2000

**Als um Mitternacht eine fremde Gestalt erschien**
Bestell-Nr. 512 2001

**Als ein Schatz in der Hirtenhütte entdeckt wurde**
Bestell-Nr. 512 2002

**Als ein Engel das todkranke Mädchen besuchte**
Bestell-Nr. 512 2004

**Als drei Straßenkinder unter der Brücke gefunden wurden**
Bestell-Nr. 512 2005

**Als die Königin die Gefängnistür öffnen ließ**
Bestell-Nr. 512 2006

**Als zur ersten Weihnacht ein neuer Ofen die Hütte wärmte**
Bestell-Nr. 512 2007

## **Bildbände** (jeweils 48 Seiten)

**Dich erfüllt ein bleibender Segen**
Bestell-Nr. 512 3500

**Dich behütet ein wachsamer Engel**
Bestell-Nr. 512 3504